（唐）釋道宣 撰

宋思溪藏本廣弘明集

第六册

國家圖書館出版社

第六册目録

卷十五

佛德篇序……三
佛德篇第三之一
釋迦文佛菩薩等像讚　支道林……七
萬佛影銘　釋慧遠……二〇
佛法銘讚　謝靈運……三一
佛記序　沈約……四〇
佛像經法神瑞迹……四七
出古育王塔下佛舍利詔
梁高祖……六三
上菩提樹頌啓　梁晋安王綱……六五
唱導文　梁簡文帝……七二
禮佛發願文　王僧孺……七七

懺悔禮佛文……八四
初夜文……九〇

卷十六

佛德篇第三之二
謝述佛法事書啓　梁簡文帝……一〇七
寺刹佛塔諸銘頌　沈約等……一二二

卷十七

佛德篇第三之三
隋國立舍利塔詔　隋文帝……一四五
舍利感應記　王邵……一四八
慶舍利感應表并答……一七〇

廣弘明集　才十五

四百七十七　亦五

元祿九年丙子二月日重脩

皇圖鞏固　帝道遐昌

佛日增輝　法輪常轉

山城州天安寺法金剛院置

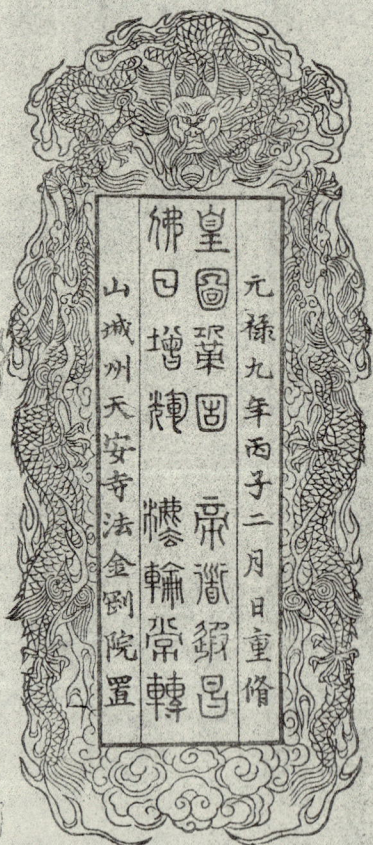

廣弘明集卷第十五　亦

大唐西明寺釋　道宣　撰

佛德篇第三

序曰夫以蒙俗作梗妙藉舟師師之大者所謂王也故王者往也若海之朝宗百川焉王之取号況於此也然則統言王者約緣乃多事理兩分舉要唯二初謂詳事二謂明理故詳事之王則人王天王是也行化在事事止於身身存而化行身滅而化息此則外計其身而莫思其内識故目其化爲外教也二謂明理則法王佛覺是也行化在理理在於心心存而化行想滅而境絶此則内撿其心

而不緣於外境故目其化爲内教也所以厚
身而存生生而不窮捐生而去情情亡而
照寂致使存形之教萬國同儀練心之術千
聖齊一是則道俗兩教出入升沉俗則入有
而沉形六道以之而綿亘道則出空而升位
三聖自此而昌明焉自正道東流六百餘載
釋蒙從信其徒不一獨夫震虐而坑僧繫像
者二三明后重道寺塔崇樹者亦衆矣至如吴
王之詳佛聖曉天人之所歸宋君之叙佛德
明朝賢之宗奉諸餘蒙昧無足勝言故序現
迹之祥瑞又述頌作之盛德隨類覽歷豈不
昭彰心性乎

初序梁弘明集序佛德目　十五卷

晉宗炳明佛論

大唐廣弘明集佛德篇揔目

晉沙門支道林佛菩薩像讚

晉沙門釋慧遠佛影銘

宋侍中謝靈運佛法銘讚

梁沈約佛記序并勑荅

晉代巳來佛像感應相

梁高祖出育王舍利詔

梁晉安菩提樹頌并表

梁簡文唱導佛德文十首

梁簡文謝佛事啓十首

梁沈約佛刹塔像諸銘十首
梁王僧孺唱導佛文
隋高祖於國内立舍利塔詔 并瑞應表謝

廣弘明集佛德篇第三之初

釋迦文佛菩薩等像讚
晉沙門支道林佛影銘
佛影銘 晉沙門釋慧遠
佛法銘讚 宋侍中謝靈運
佛記序 梁沈約
佛像瑞集 唐終南山釋氏
出育王舍利詔 梁高祖武皇帝
菩提樹頌 梁晉安王蕭綱

梁唱導文　蕭綱在蕃作

歸佛發願誓文　梁王僧孺

釋迦文佛像讚并序　晉沙門支道林

夫立人之道曰仁與義然則仁義有本道德之謂也昔姬周之末有大聖號佛天竺釋王白淨之太子也俗氏母族厥姓裘曇焉仰靈胄以丕承藉儁哲之遺芳吸中和之誕化稟白淨之顥然生自右脅弱而能言諒天爵以不加爲貴誠逸祿以靡須爲足故常夕惕上位逆旅紫庭紆軫儲宮擬翮區外俄而高逝周覽郊野四闢皇扉三鑒疾苦風人厲辭以激興乃甘心受而莫逆諷大猷於有道慨在

茲之致淹遂乃明發遐征栖遲幽閑脫皇儲之重寶位希無待以輕舉褫龍章之盛飾賀窮巖之襬褐資送之儔自崖而反矣爾乃抗志匪石安仁以山班卉匡居摧心立盟蘊安般之氣緒運十筭以質心併運四籌之八記從二隨而簡巡絕送迎之兩際緣妙一於鼻端發三止之曠秀洞四觀而合泯五陰遷於還府六情虛於靜林涼五內之欲火廓太素之浩心濯般若以進德潛七住而挹玄搜冥魚於六絕齒既立而廢筌豁萬劫之積習同生知於當年捲五濁以擅曜嗣六佛而微傳偉唯丈六體佩圓光啓度中黃色豔紫金運

動陵虛悠往倏忽八音流芳逸豫揚彩妙覽
未兆則卓絕六位曲成已著則化隆三五沖
量弘乎太虛神蓋宏於兩儀易簡待以成體
太和擬而稱邵圓蓍者象其神寂方卦者法
其智周照積祐之留詳元宿命以制作或綱
之以德義或疎之以沖風亮形搖於日新期
妙主於不盡美既青而青藍逞百練以就粹
導庶物以歸宗拔堯孔之外犍屬八億以語
欅罩墳索以興典掇道行之三無絡聃周以
曾玄神化著於西域若朝暉昇于暘谷民望
景而興行猶曲調諧於宮商當是時也希夷
緬邈於羲風神奇卓絕於皇軒蔚彩沖漢於

周唐頌味有餘於鄒魯信可謂神化之都領皇王之宗謨也年逾縱心泯迹泥洹夫至人時行而時止或隱此而顯彼迹絕於忍土冥歸於維衛俗徇常以駭奇固以存亡而統之至於靈覺之性三界殄悴谿若川傾頹如乾墜黔首與永夜同幽冥流與涸津竝遺六度與崩岑俱褫三乘與絕軸解轡門徒泣血而心喪百靈銜哀而情悖夫道高者應卑因巡者親譽故不祈哭而哭豈非兼忘天下易使天下兼忘雖靈風播越環周六合曆數終於赤縣後死所以與聞景仰神儀而事絕於千載祇洹既已漂落玉樹卒亦荒蕪道喪人

亡時亦已矣遁以不寺仰遵大猷追朝陽而
弗暨附桑榆而未外神馳在昔願言再欽遂
援筆興古述厥遐思其詞曰
太上邈矣有唐統天孔亦因周蘧盧三傳明
明釋迦寔是惟帝先應斯叡作化融坐乾交養
恬和濯粹沖源邁軌世王領宗中玄堂搆洪
模揭秀負靈峻誕崑岳量褒太清太像罕窺
乃圓其明玄音希和文以入聲煌煌慧炬燭
我宵征人欽其哲孰識其冥望之霞舉即亦
雲津威揚夏烈溫柔晞春比器以形卓機以
神巻即煙滅騰亦龍伸鼓舞舟壑靈氣惟新
誰與茲作獨運陶鈞三無哀玄入億致遠二

部既弘雙翰惟典充以瓌奇恬以易簡藏諸
蘊匱寔之令善可善善因乃讚乃演致存言
性豈伊弘闡日月真朗顯晦周遍生如紛霧
曖來已睎至人全化跡隨世微假云泥洹言
告言歸遺風六合佇方赤畿象罔不存誰與
悟機鏡心秉翰庶覲冥暉

阿彌陁佛像讚并序

夫六合之外非典籍所模神道詭世豈意者
所測故曰人之所知不若其所不知每在常
輒欲以所不能見而斷所未能了故令井蛙
有坎宅之矜馮夷有秋水之伐故其宜矣余
遊大方心倦無恨因以靜暇復伸諸奇麗佛

經記西方有國國名安養迴遼迥邈路踰恒
沙非無待者不能遊其疆非不疾者焉能致
其速其佛号阿彌陁晋言無量壽國無王制
班爵之序以佛爲君三乘爲教男女各化育
於蓮華之中無有胎孕之穢也館宇宮殿悉
以七寶皆自然懸搆制非人匠苑囿池沼蔚
有奇榮飛沉天逸於淵藪逝寓羣獸而率眞
昌闔無扇於瓊林玉響天諧於簫管冥霄隕
華以闔境神風拂故而納新甘露徵化以醴
被蕙風導德而芳流聖音應感而雷響慧澤
雲垂而沛清學文喻翳而貴言眞人冥宗而
廢翫五度憑虛以入無般若遷知而出玄泉

妙於茲大啓神化所以永傳別有經記以録
其懿云此晋邦五末之世有奉佛正戒諷誦
阿彌陁經誓生彼國不替誠心者命終靈逝
化往之彼見佛神悟即得道矣遁生末蹤忝
廁殘跡馳心神國非所敢望乃因匠人圖立
神表仰瞻高儀以質所天詠言不足遂復係
以微頌其詞曰
王猷外釐神道内綏皇矣正覺寔兼宗師泰
定軫曜黄中秀姿恬智交泯三達玄夷啓境
金方緬路悠迴于彼神化悟感應機五度砥
操六慧研微空有同狀玄門洞開詠歌濟濟
精義順神玄肆洋洋三乘詵詵藏往摹故矩

來惟新二才孰降朗滯由人造化營域雲搆
峩峩紫館辰峙華宇星羅玉闈通方金墉啓
阿景傾朝日豔蔚晨霞神提迴乎九源曽深
浪無筌忘鱗罕餌淫澤不司虞駭翼懷林有
客駈徒雨埋機心甘露孰洽蘭蕙助馨化隨
雲濃俗興風清葳蕤消散靈飈掃英瓊林諧
響八音文成珉瑶沉粲英蕤晞陽流澄其絜
蘂播其香潛爽冥莩載哲來翔孕景中葩結
靈幽芳類諸風化妙兼于長邁軌一變同規
坐忘

諸菩薩讚十一首

文殊師利讚

童眞領玄致靈化實悠長昔爲龍種覺今則
夢遊方惚恍乗神浪高步維耶鄉擢此希夷
質映彼虚閑堂觸類興清邁目擊洞兼忘梵
釋欽嘉會閑邪納流芳

彌勒讃

大人軌玄度弱喪外虚遷師通資自廢釋迦
登幽閑彌勒承神第聖録載靈篇乗乾因九
五龍飛兜率天法鼓震玄宫逸響亮三千晃
晃凝素姿結加曜芳蓮寥朗高懐興八音暢
自然恬智眞徽妙縹眇詠重玄盤紆七七紀
應運莅中播挺此四八姿映蔚華林園亹亹
玄輪奏在三攄在昔緣

維摩詰讚

維摩體神性陵化昭機庭無可無不可流浪入形名民動則我疾人恬我氣平恬動豈形影形影應機情玄韻乘十哲頡頏傲四英忘斯遇濡首亹亹讚死生

善思菩薩讚

玄和吐清氣挺茲命 世童登臺發春詠高興希遐蹤乘虛感靈覺震綱發童蒙外見憑寥廓有無自冥同忘高故不下蕭條數仞中因華請無著陵虛散芙蓉能仁暢玄句即色自然空空有交映迹冥知無照功神斯發筌悟豁尒自靈通

法作菩薩讚　　不二入菩薩讚

乃昔有嘉會兹日多神靈維摩發淵響請定
不二名玄音將進和法作率所情亹亹玄心
運寥寥音氣清麁二標起分妙一寄無生

開首菩薩讚

開首齊吾我造理因兩虛兩虛似得妙同象
反入麁何以絕塵迹忘一歸本無空同何所
貴無貴乃恬愉

不眴菩薩讚

有愛生四淵淵況世路永未若觀無得德物
物自靜何以虛靜間恬智翳神穎絕迹遷靈
棣有無無所騁不眴冥玄和栖神不二境

善宿菩薩讚
體神在忘覺有慮非理盡色來投虛空響朗
生應軌託陰遊重冥冥亡影迹隕三界皆勳
求善宿獨玄泯
善多菩薩讚
自大以跨小小者亦駭大所謂大道者遺心
形名外都忘絕鄙當冥默自玄會善多體冲
姿豁豁高懷泰
首立菩薩讚
爲勞由無勞應感無所思悠然不知樂物通
非我持渾形同色欲思也誰及之嘉會言玄
志首立必體茲

月光童子讚

靈童綏神理恬和自交忘弘規懸昬俗統體稱月光心爲兩儀藴迹爲流溺梁英姿秀乹竺名播赤縣鄉神化詭俗綱玄羅摯遊方丘巖積陳痾長駈幸玉堂没引興有待寘歸無盡場戢翼栖高嵎陵風震奇芳

萬佛影銘

佛影今在西那伽訶羅國南山古仙石室中度流沙從徑道去此一万五千八百五十里感世之應詳於前記也

夫滯於近習不達希世之聞撫常永日罕懷事外之感是使塵想制於玄襟天羅綱其神慮若以之窮齡則此生豈遇以之希心則開悟靡期於是發憤忘寢食情百其慨靜慮閑

夜理契其心尒乃恩沾九澤之惠三復無緣
之慈妙尋法身之應以神不言之化化不以
其所感慈不以緣冥懷自得譬日月麗天光
影彌暉群品濈榮有情同順咸欣懸映之在
已罔識曲成之假寄妙物之談功盡於此將
欲擬夫幽極以言其道髣髴存焉而不可論
何以明之法身之運物也不物物而兆其端
不圖終而會其成理玄於萬化之表數絕乎
無形無名者也若乃語其筌寄則道無不在
是故如來或晦先跡以崇基或顯生塗而定
體或獨發於莫尋之境或相待於既有之場
獨發類乎形相待類乎影推夫冥寄爲有待

耶爲無待耶自我而觀則有間於無間矣求之法身原無二統形影之分孰際之哉而今之聞道者咸摹聖體於曠代之外不悟靈應之在茲徒知圓化之非形而動止方其跡豈不誣哉遠昔尋先師奉侍歷載雖啓蒙慈訓託志玄籍每想奇聞以篤其誠遇西域沙門輒飡遊方之説故知有佛影而傳者尚未曉然及在此山值罽賓禪師南國律學道士與昔聞既同並是其人遊歷所經因其詳問乃多有先徵然後驗神道無方觸像而寄百慮所會非一時之感於是悟徹其誠應深其信將援同契發其眞趣故與夫隨喜之賢圖而

銘焉
廓矣大象理玄無名體神入化落影離形迴
暉層巖凝映虛亭在陰不昧處暗愈明婉出
蟬蛻朝宗百靈應不同方跡絕兩冥其一
茫茫荒宇靡勸靡獎談虛寫容拂空傳像相
具體微沖姿自朗白毫吐曜昏夜中爽感徹
乃應扣誠發響留音傳岫津悟冥賞撫之有
會功弗由曩其二旋踵忘敬罔慮罔識三光
掩暉萬象一色庭宇幽藹歸塗莫測悟之以
靜震之以力慧風雖遐維塵攸息匪伊玄覽
孰扇其極其三希音遠流乃眷東顧欣風慕
道仰規玄度妙盡毫端運微輕素託彩虛凝

殆映霄霧迹以像真理深其趣奇興開襟祥
風引路清氣迴於軒宇昏明交而未曙髣髴
鏡神儀依俙若眞遇 其四 銘之圖之曷營曷
求神之聽之鑒尒所修庶茲塵軌映彼玄流
漱情靈沼飲和至柔照虛應簡智落乃周深
懷冥託霄想神遊畢命一對長謝百憂 其五
晉義熙八年歲在壬子五月一日共立此臺
擬像本山因即以寄誠雖成由人匠而功無
所加至於歲次星紀赤奮若貞于太陰之墟
九月三日乃詳檢別記銘之於石爰自經始
人百其誠道俗欣之感遺跡以悅心於是情
以本應事忘其勞于時揮翰之賓僉焉同詠

咸思存遠猷託相異聞庶來賢之重軌故備
時人於影集大通之會誠非理所期至於佇
襟遐慨固已超夫神境矣

晋襄陽丈六金像讚序

因釋和尚立丈六像作

昔衆祐降靈出自天竺託化王宮興于上國
顯迹重冥開闢神路明暉宇宙光宅大千万
流澄源圓映無主覺道虚凝湛焉遺照於是
乘變化以動物而衆邪革心躡神步以感時
而群疑同釋法輪玄運三乘並轍道世交興
天人攸夢淨音既暢逸響遠流密風遐扇遠
生善教末年垂千祀徒欣大化而運乖其會

弗獲叩津沙門發明淵極魍魎神影飡服至言雖欣味餘塵道風遂邁擬足逸步玄迹已邈每希想光晷髣髴容儀寤寐興懷若形心目冥應有期幽情莫發慨焉自悼悲憤靡寄乃遠契百念慎敬慕之思追述八王同志之感魂交寢夢而情悟於中遂命門人鑄而像焉夫形理雖殊階塗有漸精麁誠異悟亦有因是故擬狀靈範啓殊津之心儀形神模闢百慮之會使懷遠者兆玄根於來葉存近者遘重劫之厚緣乃道福兼弘眞迹可踐三源反流九神同淵于時四輩悅情道俗齊趣跡響和應者如林鑄均有虛室之供而進助

者不以纖毫爲挫勸佐有弥劫之勤操務者不以昏疲告勞因物任能不日而成功自人事猶天匠焉夫明志莫如詞宣德莫如頌故志以詞顯而功業可存德以頌宣而形容可像匪詞匪頌將何美焉乃作頌曰

堂堂天師明明遠度邁群挺清超然光悟惠在恬虚妙不以數感時而興應世成務金顔映發奇相暉布肅肅靈儀峨峨神步茫茫造物玄運冥馳偉哉釋迦與化推移靜也淵默動也天隨綿綿遠御亹亹長縻亥宗無像光潛影離仰慕千載是擬是儀

文殊像讃　殷晋安

文殊淵睿式昭厥聲探玄發暉登道懷英琅
琅三達如日之明亹亹神通在變伊形將廓
恒沙陶鑄群生眞風幽曖千祀弥靈思媚哲
宗寤言祗誠絕塵孤栖祝想太冥

文殊像讚

文殊師利者是遊方菩薩因離垢之言而有
斯目非厥号所先也原夫稱謂之生蓋至道
興其貌何者虛引之性彰於立德軌世之表
聞於童眞廉俗之風移則感時之訓典故云
儒首又以法王子爲名焉夫欲窮其淵致者
必先存其深大終古邈矣豈言像之所極難
筭之劫功高積塵悠悠遐曠焉可爲言請略

叙其統若人之始出也爰自帝胄曾号法王無上之心兆於獨悟發中之感無不由他近一遇正覺而靈珠内映玄景未移遂超登道位於是深根永構於沖壤條翼神柯而同茂慈悲之氣與惠風俱扇三達之明與日月並曜具體而微固以功侔法身矣若乃天機將運即神通爲館宇圓應密會以不疾爲影跡斯其所以動不離寂而弥綸宇宙倏忽無常境而名冠遊方者也世尊興出乃授曜進之明顯潛德于香林因慶雲而西徂復龍見於兹刹法輪既轉則玄音屢唱對明淵極輒暢發深言道映開士故諸佛美其稱體絶塵俗

故濯纓者高其跡非夫合天和以挺作吸沖氣而爲靈舒重霄以迴蔭吐德音而流聲亦孰能與於此哉將欲摇蕩群生之性宅至宗之至開宏基於一簣廓恒沙而爲宇若然而不悦文殊之風則未達無窮之量長笑於方寸之寂矣自世尊泥曰幾將千祀流光福蔭

復與昔而昇降由是冥壞宗極者感悲長津之喪源懼風日之潛損遂共表容金石繼以文頌人思自盡庶雲露以增潤今之所遇蓋是數滅百年有鐵輪王王閻浮提号曰阿育仰規逸軌擬而像焉雖眞宰不存於形而靈位若有主雖幽司不以情求而感至斯應神

變之異屢萃民聽因險悟時信有自來矣意以爲接顏薄之運寔由冥維之功通夫昏否之俗固非一理所知是以託想之賢秘誠依寄思細將絶之緒引毫心以標位乃遠摸元匠像夫所像感來自衷不覺欣然同詠

眇眇童眞弱齡啓蒙含英吐秀登玄履峯神以道王體以沖通浪化遊方乃軌高蹤流光遺映爰曁茲隆思對淵匠靖一惟恭虛襟絶代庶落塵封

佛影銘 幷序

宋謝靈運

夫大慈弘物因感而接接物之緣端緒不一難以形檢易以理測故已備載經傳具著記

論矣雖舟壑緬謝像法猶在感運欽風日月
弘深法顯道人至自祇洹具說佛影偏爲靈
奇幽巖嵌辟若有存形容儀端莊相好具足
莫知始終常自湛然廬山法師聞風而悅於
是隨喜幽室即考空巖北枕峻嶺南映滮澗
摹擬遺量寄託青彩豈唯像形也篤故亦傳
心者極矣道秉道人遠宣意旨命余製銘以
充刊刻石銘所始寔由功被未有道宗崇大
若此之比豈淺思膚學所能宣述事經徂謝
永眷罔已輒罄竭劣薄以諸心許徽猷秘奥
万不寫一庶推誠心頗感群物飛鶣有革音
之期闡提獲自拔之路當相尋於淨土解顏

於道場聖不我欺致果必報援筆興言情迫
其慨群生因染六趣牽纏七識迭用九居屢
遷劇哉五陰倦矣四緣遍使轉輪苦根迍邅
迍邅未已轉輪在已四緣雲薄五陰火起亹
亹正覺是極是理動不傷寂行不乖止曉尒
長夢貞尒沉詖以我神明成尒靈智我無自
我實承其義尒無自尒必袪其僞僞既殊塗
義故多端因聲成韻即色開顔望影知易尋
響非難形聲之外復有可觀觀遠表相就近
曖景匪質匪空莫測莫領倚巖輝林傍潭鑒
井借空傳晕激光發囧金好冥漠白毫幽曖
日月居諸胡寧斯慨曾是望僧擁誠俟對承

風遺則曠若有槃敬圖遺縱跡鑿峻峯周流步欄窈窕房櫳激波映墀引月入窻雲往拂山風來過松地勢既美像形亦篤彩淡浮色詳視沈覺若滅若無在摹在學由其絜精能感靈獨誠之云乎惠亦孔續嗟尒懷道慎勿中惕弱喪之推闡提之役反路今覩發蒙茲覿式厲厥心時逝流易敢銘靈宇敬告震錫

佛讚　范光祿命作

精粗事阻始末理通捨事就理即朗袪蒙惟此靈覺因心則崇四等極物六度在躬明發儲寢孰是化初夕滅雙樹豈還本無眇眇遠

神遥遥安如願言來期免兹淪滑

范特進書

卿常何如歷觀高士類多有情吾亦許卿以同何緬邈之過便是未孤了幽關也吾猶存舊情東望慨然便是有不馳處也見熾公阡陌如卿問栖僧於山誠是美事屢改驟遷未爲使也杖策之郡斯則善也祇洹中轉有奇趣福業深緣森芳滿目見形者所不能傳聞言而悟亦難其人辭煩而已於此絶筆范泰敬謂祇洹塔内讚因熾公相示可少留意省之并同子與人歌而善

答范特進書送佛讚

辱告慰企晚寒體中勝常靈運脚諸疾此春
更甚憂慮故人有情信如來告企詠之結實
過飢渴山澗幽阻音塵闊絶忽見諸讚歎慰
良多可謂俗外之詠尋覽三復味翫增懷輒
奉和如別雖辭不足覩然意寄盡此從弟惠
連後進文悟衰宗之美亦有一首并以遠呈
承祇洹法葉日茂隨喜何極六梁徽緣竊望
不絶即時經始招題在所住山南南擔臨澗
北户背巖以此息心當無所忝耶平生緬然
臨紙累歎敬惜爲先繼以音告儻值行李輒
復承問　二月一日謝靈運白答
和范特進祇洹像讚

范侯遠送像讚命余同作神道希微願言所屬輒揔三首期之道場

佛讚

惟此大覺因心則靈垢盡智照數極慧明三達非我一援群生理阻心行道絶形聲

菩薩讚

若人仰宗發性遺慮以定養慧和理斯附爰初四等終然十住涉求至矣在外皆去

緣覺聲聞合讚

厭苦情多兼物志少如彼化城權可得寶誘以涅槃救尒生老肇元三車翻乘一道

無量壽頌　和從弟惠連

法藏長王宮懷道出國城願言四十八弘誓拯群生淨土一何妙來者皆清英頹年欲安寄乘化必晨征

維摩詰經中十譬讚八首

聚沫泡合

水性本無泡激流遂聚沫即異成貌狀消散歸虛豁君子識根本安事勞與奪愚俗駭變化橫復生欣怛

燄

性內相表狀非炎安知火新新相推移熒熒非向我如何滯著人終歲迷因果

芭蕉

生分本多端芭蕉知不一含蕚不結核敷花
何由實至人善取譬無宰誰能律莫眡緣合
時當視分散日

幻

幻工作同異誰復謂非眞一從逝物過既往
亦何陳謀者疑久近達者皆自賓勿起離合
情會無百代人

夢

覺謂寢無知寐中非無見意狀盈眼前好惡
迭萬變既悟眇已往惜爲浮物戀孰視娑婆
盡寧當非亦縣

影響合

影響順形聲資物故生理一旦揮霍去何因
得像似羣有靡不然眛漠呼自巳四色尚無
本入微欲安恃

浮雲

泛濫明月蔭薈蔚南山雨能爲變動用在我
竟無取俄巳就飛散豈復得攢聚諸法旣無
我何由有我所

電

倏爍驚電過可見不可逐恒物生滅後誰復
覈遲速愼勿留空念横使神理恧發巳道易
孚忘情長之福

佛記序　沈約奉　梁高祖勑撰并勑啓序

合三首

勑云去歲令虞闡等撰佛記并令作序序體不稱頻治改猶未盡致尋佛教因三假以寄法藉二諦以明理達相求宗不著會道論其指歸似未至極乃不應以此相煩亦是一途善事可得爲厝筆以不故指勑闡等結序未

體又似小異

臣約言佛記序令謹以上呈詞義無取伏懷自愳謹啓

勑云記序始得看令勑繕寫流布

序曰含靈萬品既非記諜所窮物物稟生豈伊積塵能計莫不起乎無理而至乎無生者

也雖要終有地而原始莫聞自非靈照特達
宗極斯在則理閈機初鑽叩事絶非唯四果
不議固亦十地罔窺邈乎悠敻有之而莫知
所從者也如來覃復竇爰始言登永路起滅迴
還馳驟不息去來五道大千比之毫端往復
三界祇劫未足稱遠積明累照念念不休離
此生滅證成妙果固已空有兼謝豈徒齊遷
魯變而已哉旻旻區區猶秉何言之稱至人無
已寧以詞義爲珍蓋由萬惑相扇昧明代起
業假緣開事須曉達一音所吐無思不服義
在徇物動非爲己法吼震灑於無外甘露炳
煥於龍宫開宗闡教致之有漸標四諦於鹿

園辯百非於雙樹廓不二之法門廣一乘之長陌行迷復路弱喪知歸而因應回舛厥塗不一白毫所照遍剎土於恒沙七步降跱躔龍堆而攸被推極神道原本心靈感之所召跨無邊而咫尺緣之所乖面法城而不覩及像教云朱經紀東流熱坂艱長寒山峻阻横書左字累万方通翦葉成文重譯未曉自此迄今千祀過半靈迹稍啓名僧間出律藏方等行來漸至藴乎西國未至者多雖法身常住之奧遠二諦三假之淵曠悟道求宗於斯可足而能仁體兹大聖寔爲本師悠悠羣品精靈所係迄于前因往業多所昧略然神化

應感參差互見又世胄名氏本國俗緣散折
衆部卒難討究神功妙力同出異名降胎求
道寧止一相託生迦維本由權迹出自北門
非悟法之始遍照東方豈通化之極適道已
來四十九載妙應事多宜加揔緝共成區畛
至於經像舊録境刹遺記開勸之功於斯自
遠大權弘曠亡身以濟物應眞耿介標心非
爲己分蹤或異適未必同神塗詭互難以臆
辨靈怪倜儻言語斯絶啚澄之龍見趙魏羅
什之鳳集關輔揵陁近遊京洛單開遠適羅
浮雖迹與俗同而意無可察塗出玉門法座
不遠七處九會峨然在目靈應肸響徧富延

澤以西光景葳蕤多見天山之表有志竒僧
每經遊歷神迹昭然咸有文注繁蕪舛雜實
須裁整分五道於人天設重牢於厚地各隨
業力的焉不差此皆卷舒眞俗終始名相其
玄塗幽遠大則直至道場其徵證切近小則
開勸晚學斯寔兼濟之方舟大悲之廣路雖
復智昏視内形窮尺捶緣動必應又況進於
此者乎是以至聖慇懃每存汲引垂文見意
貽厥將來皇帝行成無始道承曠劫十号在
躬三達靡礙屈茲妙有同此轉輪傷昏慜惑
久迷正路悱發之徒空懷鑽仰條流緬曠事
難揔一志淺業勞迄用無就非所以闡彼四

衢出之火宅者也乃詔中書侍郎虞闡太子洗馬劉㴴後軍記室周捨博尋經藏搜採註說條别流分各以類附日少功多可用譬此名曰佛記凡三十篇其有感應之流事類相似止取其一餘悉不書或後死而更生陳說經見事涉杳冥取驗無所亦皆靡載同之闕疑或憑人以言託想成夢尤難信曉一無所録若夫欲遐適者必遠記所從欲悟道者必妙識所宗然後能允得其門親承音旨未有不知厥路莫辨伊人睇目闇踐自與理合所以引彼衆流歸之一源可令華華含識望塗知往寀砥矢而言歸不迴遑於岐路俾厥清

信之士亦有取於此云
余以佛化隄封三千圍内近對小識且局南洲斯則通計神州咸蒙聲教神蹤遺跡閒在幾初前漢已來相從間出劉向校書天閣往往見有佛經赤縣山裂水開時時瑞像來現或塔由地踊或佛降因空事緒繁委略標十數有未見者須顯其相云略列大唐育王古塔來歷

并佛像經法神瑞迹

越州東三百七十里鄮縣塔者西晉太康二年沙門慧遠感從地出高一尺四寸廣七寸露盤五層色青似石而非四外彫鏤異相百

千梁武帝造木塔籠之八王自鞏巡州里今
見神瑞光聲聖僧備如别傳
鄭州超化寺塔在州南百餘里基墌遍今寺
院並古時石砌合縫甚密鐵爲細要其石長
八尺四面細要長一尺五寸深五寸石下並
泥塔南基出泉十餘所徑三尺涌而無聲永徽
中有崑崙入泉向下窮之但有石柱羅列竟
不測其際中有石塔在空水凝而不及
冀州舊魏州者臨黃縣西北三十里有育王舍利
寺近爲尼住寺有古塔編石爲基從水底出
塔三面水極深唯西面通行往足有蓮藕人
畏之無敢採捕

岐州岐山南岐山縣北二十里法門寺塔在平原上古來三十年一度開開必感應顯慶五年勑令僧智琮往請有瑞令開蒙光明照燭道俗通見乃掘出進内龍朔二年還返故塔其舍利如大人指節骨長二寸許其内孔方色白光明如别圖狀

益州成都郭下福感寺塔本名大石寺隋初誂律師尋其古迹欲尋其舍利掘至泉源唯是一石見於其上架九級木浮啚備有靈相隋蜀王秀又掘之至泉風雨至不可及際於傍破得一片石出乃是䃜玉今見存

益州北百里洛縣城北郭下寶興寺塔其寺

夲名大石其事大同福感
益州西南百餘里晉源縣等衆寺塔略同於上
潤州江寧縣故都朱雀門西南古越城東廢
長干寺内昔西晉僧惠達感光掘之一丈得
三石匣中有金函盛三舍利并髮爪其髮引
可三尺放則螺旋今有塼塔三層并刹佛殿
餘但榛木大蟲登其穢汙者被打號叫驚人
或有死者
懷州東武陟縣西七里妙樂寺塔方基十五
步并以石編之石長五尺闊三寸已下極細
密古老傳云其塔基從泉上涌出云云
瓜州城東三里有土塔周朝育王寺今廢唯

有遺基上以舍覆四畔墻匝時見光明公私
士女往來乞福
青州臨淄城中有阿育王寺其形像露盤在
深林巨樹下昔石趙時佛圖澄知之令往取
入地二十餘丈獲之
河東蒲坂有育王寺時出光明姚秦時掘得
佛骨於石函銀匣中照耀殊常
并州子城東育王寺者今見尼住爲淨明寺
失基所在
并州榆社縣郭下育王寺小塔見有僧住代
州城東育王塔
洛州故都西白馬寺南一里育王塔

甘州東百二十里刪丹縣城東弱水北土堆
古老云育王古塔
沙州城内廢大乘寺塔基云是育王塔晉州
北霍山南土堆古老云是育王寺塔
巳前諸塔並是姬周初有大輪王名爲
阿育此曰無憂統臨此洲万有餘國役
使鬼神一日而造八万四千塔此土有
之每發神瑞廣如感應傳
楊州育王金瑞像者吳孫晧時後園所獲晧
初褻而穢之腫痛遍身太史占曰犯大神也
晧謝之有間因尒開信
吳郡松江浮水石像二軀昔西晉建興中像

浮松江有居士朱應接而出之舉高七尺於通玄寺視背有銘一名惟衛二名迦葉荆州長沙寺瑞像者東晉太元初見於州城北行人異之試以刀擊之乃金像也長沙寺僧迎至寺光上有梵書云育王所造梁武聞迎至都大放光明及梁滅迎上荆州至今見存歷代光瑞不可備載如别所顯

荆州大明寺檀優填王像者梁武帝以天監元年夢見檀像入國乃詔募得八十人往天竺至天監十年方還及帝崩元帝於江陵即位遣迎至荆都後静陵側立寺因以安之

楊州長干寺阿育王像者東晉咸和中丹陽

尹高悝見張侯浦有光使人尋之得一金像無光趺載像至長干巷口牛不復行因縱之乃徑趣長干寺後數年東海人於海獲銅趺浮水上因送像所果同後四十年南海獲銅光於海下乃送像所宛然符合自晉宋齊梁陳隋唐七代無不入内供養光瑞如别今在京師大興善寺模寫殷矣眞身在廬山峯頂寺

涼州南百里崖中泥塑行像者昔沮渠蒙遜王有涼土專弘福事於此崖中大造形像千變萬化驚人眩目有土聖僧可如人等常自經行無時暫捨遥見便行人至便止觀其面貌如行之狀有羅土於地者後人看足跡納

納令見如此

襄州檀溪寺金像行者東晉寧康中沙門釋道安之所造也及成就已乃行至萬山明迎返寺其夕又出至寺門至山蹋石現一足相周武滅法鎮副長孫哲志性兇麁先欲除毀令百人以索繫頸挽之不動哲大怒乃至加五百人方倒震地哲喜落馬尋卒當毀像時於腋下倒垂衣內銘云此像三周甲午當滅勘以長曆大略符焉其所蹋石在本寺今名啓法是也

涼州西番禾縣瑞石像者元魏太延中沙門劉薩訶行至番禾東北望御谷山而禮曰此山

中有佛像出者若相不具國亂人苦經八十七載正光年初風雨震山挺出石像長一丈八尺形相端嚴唯無其首登即命造隨安隨落魏道陵遲分東西矣後四十年州東七里澗内獲石佛首即以安之恰然符合周保定中像首又落隋初還復立瑞像寺煬帝西征過之改爲感通寺今圖寫多依量莫准

京師崇義寺石影像者形長八寸徑五寸八楞紫石英色梁武太清中有僧從外國將來遇亂安廬山像頂上隋煬在蕃鎮江陽見別記往求得之及登儲貳送於曲池日嚴寺寺廢入崇義寺京師道俗咸就見之往往不同

見佛見神山林幢蓋者前後異等貞觀十年
勑迎入内
坊州玉華宫鐵磧瑞像者周武滅法有姜明
者督事夜行每見山上光明旦往尋之有自
石狀如像便斲掘四邊乃是鐵磧不可傷損
舉身三丈谷中有趺乃共村人扨舉忽然下
流俓趣趺孔卓然特立以狀聞奏時天元嗣
曆改元大像勑其處爲大像寺因開佛法隋
初改爲顯濟寺太宗在宫時往禮謁莊嚴修
飾在宫東三十里大苑内永徽中改宫立寺
陰闇之夕每放光明
襄州峴山華嚴寺盧舍那瑞像者本是周朝

古像法滅藏之得存每有凶相以涕出爲期
隋文將崩一鼻涕出沾汙于懷金薄剥起雖
後修飾望還如涕貞觀末年四月内連涕不
止塗汙胷懷方可尺許太宗升霞方驗先兆
至六月内涕又流出合境同懼至七月洪水
汎溢入城郭深丈餘今見在陳朝重雲殿飛
入海者此殿梁武所立中安像設並是珍寶
梁謝陳登武帝旣崩須葬具欲取殿中珠帳
人力旣豐四面齊至忽見雲氣圍繞大雨滂
注雷電震擊百工奔走又見火列空中布燄
相屬重雲大殿其中佛像一切上騰煙火相
扶欻然東逝傾國上望絶目方止雨晴即日

惟礎在焉月餘有人東州來是日見殿乘空入海今望海者時往見之元魏洛京永寧塔天震東海其事略同

江州廬山文殊師利瑞像者昔晉名臣陶侃建旗南海有漁人見海濱有光白侃令尋之俄見金像陵波趣船接銘乃育王所造文殊也送往武昌寒溪寺後遷荆州迎像上船船即沒水遠法師迎入廬山一無有礙今在山東林重閣

渝州西百里相思寺北石山上有佛跡十二枚皆長三尺闊一尺一寸深九寸中有魚文在佛堂北十五步見有僧住

循州東北興寧縣靈龕寺北石上佛跡三十
餘大者長五尺巳下京師大興善寺大有靈
瑞佛像佛骨佛齒等
撫州顯慶年中有潭州行像自移來州東二
十里山中道現兩迹長三尺相去五百餘步
初不知其來有人尋山見怪遍告遠近將移
就寺不動刺史巳下官人酷旱步至像所請
還州寺三人捧之至州隨行雲布當夜大澍
遂以有年今在撫州
隋時蔣州興皇寺佛殿被焚中丈六銅像正
當棟下及火發棟墜像自移南五六尺許形
得安全四面瓦土灰炭去像五六尺曾不塵

玷唐武德初於秦皇寺重被焚燼金色宛然玉毫無毀今在白馬寺鳥雀所不侵陵簡州三學山寺有佛跡每夜神燈在空遠見近滅至六齋夜其燈則多

坊州玉華寺東北慈烏川武德年中居人郝辯者素有信向每見鹿羣常居山側異之遂掘其處得石像一軀高丈四五乃移出在川中家內其相大同玉華寺東者古老傳云迦葉佛時此山所藏者四十餘軀今有二現餘猶未出涼州山現迹同

邢州沙河縣四面銅佛者長四尺許隋初有人入山見僧守護此像因請供養失僧所在

其人欲舁將出而不動諸處人聞助曳亦然
沙河寺僧聞之試引輒行至寺後人於寺側
獲金一塊上有二鳥形銘曰擬鍍四面佛因
度之佛形上遍是鳥影隋後主聞有瑞迹遣
工冶鑄效之鑄卒不成終有缺少經二百日
乃止今在寺中

已前神塔瑞像開俗引凡未深明者由
茲發信既信殊相方能攝心披經討論
資啓神解方知四魔常擾六賊恒陵覺
而且怖超方有日不尒沉淪還遝同無始
弘明之道豈其然哉至於經卷不灰乃
符火浣之布書空不濕便同天蓋之靈

聖寺屢陳鍾聲流於遠近神僧數現受
　供通於道俗斯途衆矣備於感通記中
出古育王塔下佛舍利詔又牙像詔梁高祖
大同四年八月月犯五車老人星見改造長
干寺阿育王塔出佛舍利髮爪阿育鐵輪王
也王閻浮一天下一日夜役鬼神造八萬四
千塔此其一焉乘輿幸長干寺設無礙法喜
食詔曰天地盈虛與時消息萬物不得齊其
蠢生二儀不得恒其覆載故勞逸異年懽慘
殊日去歲失稔斗粟貴騰民有困窮遂臻斯
濫原情察咎或有可矜下車問罪閽諸往詰
責歸元首寔在朕躬若皆以法繩則自新無

路書不云乎與殺不辜寧失不經易曰隨時之義大矣哉今眞形舍利復現於世逢希有之事起難遭之想今出阿育王寺設無礙會耆年童齒莫不欣悅如積飢得食如久別見親幽顯歸心遠近馳仰士女霞布冠蓋雲集因時布德允叶人靈凡天下罪無輕重皆赦除之大同四年七月詔曰天慈普覆義無不攝方便利物豈有方所上虞縣民李胤之掘地得一牙像方減二寸兩邊雙合俱成獸形其內一邊佛像一十二軀一邊一十五軀刻畫明淨巧迹妙絶將神靈所成非人功也中有眞形舍利六焉東州昔經奏上未以爲意而

胤之銜愆縲紲東冶眞形舍利降在中署光
明顯發示希有相大悲救苦良有以乎宜承
佛力弘兹寬大凡天下罪無輕重在今月十
六日昧爽已前皆赦除之即日散出奉迎法
身還臺供養

上菩提樹頌啓　梁晉安王綱

臣綱言臣聞擊轅小唱有慕風雅巴人淺曲
實仰陽春是以葑葵細葉猶傾朝景爝火微
光不能自息伏惟
陛下至德欽明玄猷廣運乃神乃聖道跨軒
嬀正覺正眞功符圓極常住爲樂法喜爲甘
慈雨被於無垠睿化覃於幽顯故八風調四

氣正天下定海外安弭龍窟之威紹鷲山之
法無爲不住實愍蒼生無相乃宣引歸眞域
製兹道樹顯此金容使誓願者結因頂禮者
增福會途巳一古今誰二伏以器表承露東
阿薦銘瑞啓黄龍中山興頌臣雖不敏實有
愚心謹上菩提樹頌一首學謝稽古思非沉
鬱不足以光揚盛德髣髴一隅顧恧芻言伏
紙慙震謹啓

手勑省啓覽所上菩提樹頌捃採致佳辭味
清淨仰讃法王稱歎道樹意思口説乃至手
書極得三業之善但所言國美皆非事實不
無綺語過也越勑

菩提樹頌 并序

竊以因緣假有衆生之滯根法本不然至人之妙理是以三界六趣遶業障而自迷八解十智道歸宗而虛豁是以能仁大師隨緣布道懸醆宅之既焚傷欲流之永騖託白淨之宫照黄金之色居兹三惑示盡籃之非真出彼四門驚浮雲之易滅於是佛日啓法雷震設漸教降權跡三寶現世一道知歸大接群蒼拯兹未度法雨法水之潤等出界於無邊智燈智炬之光同虛空於莫限物因難量化緣將息林開白樹日映青枝悲哉六識沉淪八苦不有大聖誰拯慧橋皇帝體乾元之叡

德含天地之純誠照玉鏡之神握太平之運呑虞孕夏罩漢籠周御六氣而子蒼生扇二儀而布亭毒緯樂經禮偃武修文秋荼不設廢九律之嚴科春雨愛生解三驅之密網固以咸池之靈自失汾水之德知勲少陽懋善於元貞蕃臣燮味於槐衮八凱三座九棘四科之士內宣王事運策横行專城推轂之將外守封疆一同文軌萬方共貫穿胷鏤臆之首短身長臂之師南越鑠石北極天沙東邁日枝西踰月紀莫不梯峯桂逈越繩度之山航海跨深汎浮毛之浪奉方入貢進忠請職獻同心之鳥貢比肩之獸尒乃嘉祥競發寶

瑞感委靈芝之滴露月華郊園義鳳仁虎日聞
郡國如珠如璧既然照燭於中織若雲非雲
亦徘徊於宮雉於是驅黎民於仁壽濟動植
於幽隍歲樂民殷家給戶足班白不提挈童
稚有謳歌從善如流應風猶草開農務本鑄
刃銷鋒紅粒盈箱蜻蚨委貫上照天下滿泉天
既成矣地既平矣天子乃均一子慈四生示
王行之因標出要之路廣設道場大弘妙法
涅槃寶棹接惑眾於背流慈悲光明照群迷
於未曉法輪遍乎大千清涼被於小葉故天
人舞鳳去照園而讚善菩薩飛象越香土而
來儀五百寶蓋騰光自合十千纓珞懸空下

隧龕室莊嚴國界殊特製三時之殿聳四柱
之臺雖漢后望神之宮軒轅待仙之觀曾何
足擬髣髴寶雲儀形等覺於是想成道之初
建菩提之樹四海呈珍百工薦巧彫金鏤碧
綴鏡懸珠製似雪山形同飛蓋四布垂陰五
面蓋物名高滿月德踰普覆並艷千光之樹
連英五色之華璧日垂彩玉蕋帶生煙微風徐
動寶枝成樂瀸然妙色蔭此曲枝顯若金山
尊如聚月信女百味之初諸天四鉢之狀散
漫祥草連翩青雀伏吐電之魔却擔山之鬼
哥姿瓌質不可勝言此實生善之妙緣進行
之深福當今盛美曩代未聞方應照德不窮

懸諸日月巍巍永樂万万斯年敢作頌曰
綿史載觀靈篇眇鏡寶冊葳蕤帝圖掩映鳥
紀稱祥龍書表慶九州布德五絃作詠蒸哉
至矣大梁啓聖功覆終古業高受命金輪降
道玉衡齊政無思不服有德斯盛一乘邇出
五眼清淨稟識康歌昆蟲得性舜廚靈蓂堯
庭神莢豈如道樹覆潤弘浹靡窮垂光芬芳
委疊時動百華乍開千葉現彼法身圖茲瑞
牒海度六舟城安四攝惠澤旣播淳風普叶
休明智境清朗法泉百神瑩仰千佛稱傳榮
光動照玉燭調年菩提永立波若長宣穆穆
明后萬壽如天

唱導文　梁簡文

夫十惡緣巨易感心塗萬善力微難感靈性是以摩鉗赴火立志道場薩埵投身必之妙覺衆生積染流浪不歸苦海易沉慈波空蕩渴愛與生死共門無明與結網同路各趣百非纏茲四苦人思勠力昭彼三明是以如來因機致化如大醫王隨病施藥當今皇化之基格天網地扇仁風於万古改世季於百王覆載蒼生慈育黎首天涯海外奉道飡風抱噏吹脣含仁飲德民無賢肖愛均一子衆等宜各克已丹誠澄心慊到奉爲至尊敬禮娑婆世界釋迦文佛歡喜世界栴檀德尊水精

刹土月電如來寶明世界山海慧佛奉願聖
御與天地比隆慈明與日月齊照九有被康
哉之澤八方延仁壽之恩王燭之美日著遐
方擊壤之歌遍聞天下敬由心起五體所以
外恭情發於中六識所以單到故一善染心
万劫不朽百燈曠照千里通明憑法致安積
善延慶今日幸遇茲訓誘豈得不罄竭心途
奉爲皇太子敬禮東方寶海南方燈明西方
無量壽北方相德奉願离明内映合璧外和
玉震雲浮金聲海鏡日朝顏色四善流風既
擅温文之德實著監國之重蒼生欽德有識
飡仁爕和内化事炳周經讃德含章訓高

惇史故以配正奉天表七教於仁德宣風緝
惠闈六服於温慈各宜攝心奉爲貴嬪歸命
敬禮五十三佛三十五尊當來賢劫千見在
百七十奉願月相與萬善同休金聲與四時
並祐興七覺以炳照囧十智於常樂閏守奉
仁宫儲欽德暉同疊璧煥若崑瓊

蓋聞嵩高惟嶽作屛皇家宗子維城克固盤
石所以戚均魯衛任等蕭曹三台正席坐而
論道九棘勤王恪居連事宜各運心奉爲臨
川安城建安鄱陽始興豫章又南康廬陵湘
東武陵諸王家國戚屬六司鼎貴歸命敬禮
舍利形像菩提妙㙮多寶踊現釋迦碎身奉

願心鏡疑深身清岳峙克隆帝祉永茂皇枝
衆各一心歸命三寶
三界異術五道分逕天人植業各歸一果鬼
神牽報事炳冥途十善華果既乖正力五濁
煩心弥多惱累雖復聰明正直三牲之祀未
虧陰陽不測六根之滯猶染衆等宜各露誠

逮爲天龍八部護塔善王乃至修羅八臂摩
醯三目盡爲敬禮尊經正典清淨波若究竟
涅槃法華會一之文淨名不二之說願一切
善神永斷無明長遵正夲卧處寶宮坐甘香
積帝釋淵廣泛般若之舟淨居深沉駕牛車
之美澤及三界明照四天

大悲拔苦事炳前經弘慈與樂義高名訓是以靈權降迹出没不同菩薩位懷顯晦多術無邊劇惱扇八苦於脩途有縛纏情繞六趣於危道金瑣玉牀猶念解脱彫珠飾綺不及塗中至如飄飆熱風滄浪氷水暗室千重黒城百仞鐵輪碎骨銅柱焦腸傷出刀峯横抽劒鍔如斯衆苦尤爲險脆一息不追則萬劫永别刹那暫斷則千代長離相與共託閻浮泡生幻處危脆之質有險蜉蝣風電之馳誠難可駐況復三相併戚二鼠攢危毒箭惡蛇尤爲可畏庶憑正法拔兹累滌長享百福永斷六塵對至無強唯佛可恃今爲六道四生

三途八難慈悲懇倒一心遍禮十住菩薩三
行聲聞禮救世觀音獻蓋寶積西方大勢東
國妙音四辯淨名二土螺髻珠頂善宿弥勒
文殊金剛藏解脱月棄陰蓋常舉手十大弟
子五百羅漢願囹圄空虛疾惱消息城中百
縣方外千城凡在幽執一同寬蕩人協覆虵
俗化庄蟻類服鴆之不死同拔劒之無傷含
生不縷轉死自温渭橋日飽翳桑無餓打塞
三塗塡碎地獄破魔兵衆壞生死軍閻羅發
十善之心牛傍啓五戒之業如魚少水若鳫
窮林一聽法音即捨穢質人運五體歸命三寶

禮佛發願文 十餘首 王僧孺

夫至覺玄湛本絕聲言妙慮虛通固略筌象
雖事絕百非而有來斯應理亡四句故無感
不燭皇上道照機前思超繫表凝神汾水則
心謝寰中屈道軒丘則形勞宇内斯乃法忍
降迹示現閻浮之境太權住地俯應娑婆之
域故欲洗拔萬有度脫群生濯淨水於寶池
蔭高枝於道樹折伏攝受之仁遇緣而感極
昔言軟語之德有感而斯唱日用不知利益
莫限衆等相與增到奉逮至尊五體歸命去
仰願皇帝陛下至道與四遊並運玄風與八
埏共廣反淳源於三古捨澆波於九代至治
已覩於今日大道復屬於此時虎豹蹈而不

鷙虺虵蹑而莫噬埋金抵玉毁契焚文嘉禾生醴泉出金車玉馬自相暉曜玄鶴丹鳳飛鳴來往光景之所照燭舟車之所驅汎莫不屈膝係頸迴首革音入侍藁街迎拜渭水與天地而長久等金石而逾固中岳可轉長河有清而我聖皇愈温愈睟不言而化行無爲而教肅

夫道備監撫望表元良察遠知微貫宗包極不勞斧藻無待審諭況復靜悟空有同觀眞俗能行能説既信既持衆等齊誠奉逮儲君殿下歸命敬禮云云

仰願皇太子殿下厚德體於蒼蒼廣載侔於

磻礴前星照曜東離煥炳淑聞自遠和氣熏
天異于爭入端人並至玉體怡清金聲妙越
夫茂實英聲道周德廣秉珪襲衮之貴坐槐
恖棠之尊猶應共惜東暾俱忝西崦悟蕉蘆
之非實知鏡月之虛銜信秉電之不留驗晝
水之隨合唯宜照之智炬灌以寶瀾增此睿
根茂斯妙植又各增到奉逮太尉等諸王殿
下禮 云云
仰願諸王既明且哲聲跨於河楚令聞令望
道均於旦奭德貫右戚義藹周親作鉉則與
二曜相終臨岳則與四維等固若彭涓之遐
永譬松鈞之貞悅

觀夫天枝峻密帝葉英芬莫不王震蘭摇金
鏘桂縟覩寸文而驗錦觀一毛而測鳳並能
才高銅爵詞富雲臺彬彬亹亹超超灼灼以
斯勝善奉逮諸王殿下禮云云
仰願諸王殿下穆穆與清風並扇英英將白
雲共朗永鍾清祉長享元吉出牧則聲高民
上入朝則譽光物右德重山王智超海藏鏗
鏘麗於珠樹皎鏡光於玉田
夫道流雲幄德感椒闈必以前藉勝因宿稟
嘉數況重霑法雨更披慧日雖異姜后解珥
請罪於周王不待樊姬捨肉有傲於荆后而
遵恭儉去嗜欲棄彫璣撤靡麗了心不滯正

見無疑衆等齊誠奉爲六宫眷屬歸命敬禮

云云

願六宫眷屬業華姬日聲麗嫣辰震彩雙圖

傳芳詩史位齊寶印行等月光具六神通得

四無礙

夫稟閑明之德懷深妙之心豈非修習有本

故能依止無倦義興等諸公主忘斯華重甘

此翹到並宿世之所記別故現前所以信了

影響至眞寤寐玄極人各增到仰爲諸公主

歸命敬禮云云

願諸公主日增智性弥長慧根四攝四依巳

尊巳蹈七善七定靡退靡輟盛此王姬光兹

帝女長享湯沐與河山而同固永服緹綺貫
寒暑而無窮
夫三相雷奔八苦電激或方火宅乍擬駛河
故以尺波寸景大力所不能駐月御日車雄
才莫之能遏其間飮苦餐毒抱痛銜悲身口
爲十使所由意思乃八瘕之主衆等相與彼
我齊到懺悔業纏無始巳來至于今日所爲
十惡自作教他見善不讃聞惡隨喜焚林涸
澤走犬揚鷹窮鄭衛之響極甘旨之味戲笑
爲惡倏忽成非侮慢形像陵踐塔寺不敬方
等毀離和合自定權衡棄他斗斛愧心負理
眛主欺親雖七尺非他方寸在我而能性其

情在人未易恣此心口衆罪所集各運丹懇
五體自投歸命敬禮 云云
願現前衆等身口清淨行願具足消三障業
朗三達智五眼六通得意自在

懺悔禮佛文 王氏 同前

夫有非自有有取所以有無非自無無著所
以無故有取之惑與倏成萬累無著之念起
一超九劫是知道之所貴空有兼忘行之所
重眞假雙照稟氣含靈莫聞斯本宵形賦影
靡測由來故發茲識窟猶綿蒙其莫辨導
此愚相尚窈冥而未悟茫茫有同暗海幽幽
實在危城業風縈薄三有長驚惑水邅迴二

死根屬以苦捨苦從暗入暗尋本不離色心即事莫非生滅是用抱此纏蓋輪迴生死恣其六愛興其八邪或狙詐而克昌作仁義而遄死或才均智等此賤彼豪或共日並時人升我墜唯言報施寂寥不知因對皎徹曩緣今果過現殖成有如符契不謬毫髮而欲以促生運其長術浮命迴其冥數當知刹那交謝瞬息不留東扶纔吐西崦已仄譬閱川之駛流若栖葉之輕露僞城易弛毒樹自攻若非假實兩明眞俗俱辨豈能寫誠迴向刻意修習不退不没愈堅愈固南平大王殿下含辰象之正氣畜海岳之淳靈宿侍八恒早遊

七覺藉妙因於永劫招勝果於兹地若眞金之愈鑒美玉之載琢是用未積已散不藏而捨故今式招靈指仰屈神儀建此齋肅警兹闢犍盛來緇素濟濟洋洋名香遍室寶華覆地高梵宛轉寧止震木遏雲清桴遥奕非直騰魚御馬仰願四部至誠五體歸命東方云云

願大王殿下五畏内遣十力外扶百福莊嚴萬祉周集愕夢無忤其慮甘寢有恬其神更闢寶衢愈興慧業

夫玄極凝淡非學者所窺妙本難思豈行人能測是以十地云覩有羅縠之疑三乘稱見懷狂羊之惑自非鑒窮機覺照極冥虛窮理

盡性體元含一安能濟世仁壽拯物阽危道
包碧海聲高赤縣昔堯曜唯在即世舜累不
兼來果四巡疲於禹迹六事倦於湯身並域
中之勤勞方内之成益豈有度元元於苦海
拔冗冗於畏塗運神力震法吼究香城之妙
理窮金河之奧説慧高龍樹智出馬鳴必欲
洗濯吾民將導緇白天覆地養水産陸生咸
降慈悲悉蒙平等奉爲皇帝陛下儲君太子
敬禮　云云
仰願皇帝陛下景祚與七政相齊皇基與二
曜均永地平天成樂和禮洽玉燭道正氤氳
無爽條風祥雨膏潤相屬却馬偃伯鑄戟銷

戈南洎北臨西被東漸灑甘雨布慧雲唯繩可結在冠巳盡唐哉皇哉爲導爲首又願皇太子殿下睿業淸暉與貞明而並燭粹範温儀從嵩霍而俱峻聲出姬誦道越漢莊永沐智水長照慧日上妙居身至仁在巳

自雙樹八枝潛光匿曜寶城不關慧扇方掩而聖后驚法輪於長路棹寶舟於遥壑道淡人祇福隆祧墠肅事園寢虔奉宗祏藉斯妙果奉逮七廟聖靈歸命敬禮云云

仰願重明累聖儼然如在騰神淨國揔駕天宫託化金蕖遨遊寶殿

夫誠心内惻則至覺如在形力外殫則法身

咫步衆等相與增到爲諸王兄弟妃主戚屬
歸命敬禮 云云
願諸王殿下裂壤盛於諸姬盤石過於隆漢
德高魯衞義重間平論道則百辟依風作翰
則羣黎仰化弘闡至教紹隆季像第内少長
並膺此多福若百華之春麗譬萬寶之秋成
信解堅深趣向無怠夫小乘志劣事唯一已
大士意均乃包六趣今日檀主信等明珠無
勞傍鏡質同挺玉不待外光常欲物我均心
怨親等觀衆等咨歸誠爲二十八天四王釋
梵人間貧病地獄辛楚
敬禮尊儀靈像菩提寶塔 云云 大乘奥藏妙

法深經大身無邊身大力無量力四向四果
八賢八聖願六氣氤氳四序熙穆至治光萬
宇玄化洞九幽襲介披鱗濕生卵化八苦六
窮三塗五道俱蒙慧利並識遵依刀林輟刃
劒樹摧險迷域開道直指四衢闇室生明大
啓三曜俱向道場同登種覺

初夜文

夫遠自無始至於有身生死輪鶩塵轢莫之
比明暗遞來薪火不能譬逝水非駛千月難
保蓼虫習苦桂蠹喜甘大睡劇於據梧長昏
甚於枕麴義非他召事實已招曾不知稟此
形骸所由而至將斯心識竟欲何歸唯以勢

位相高爭驕華於一旦車徒自盛競馳騖於當年莫不恃其雄心壯齒紅顏緇鬓口恣肥醲身安輕靡繁絃促柱極滔湮而不猒玉牀象席窮靡曼而無已謂悲泉若木出没曾不關人躓烏顚兎升落常自在彼殊不知命均脆草身爲苦器何異犬羊之趣屠肆麋鹿之入膳厨秋蛾拂燄而不疑春蚕縈絲而靡悟未辨先對不識因習及其一羅畏途孟門非險轘裂肢解方斯不臻其痛斷趾鑿肩比兹未極其苦輪迴起伏杳杳悠悠是以天中之天降悲提引壅夏河之長瀉撲秋原之猛燎或同商主乍等醫王形遍三千教傳百億或

恣其神力或寂諸梵境言則三塗離苦矣則四生受樂乃應病投機解紛說理制之日夜稱爲八關以八正鑰爲法關犍斯實出世之妙津在家之雄行衆等相與運誠奉逮南平王殿下禮 云云

願大王殿下睿業清暉與南岳而相固貞心峻節等東溟而共廣萬累煙消百災霧滅巧幻所不惑彊魔莫能嬈逐慘舒而適體隨暄涼而得性自稟儀天之氣永固膳衞之道得六神通力具四無礙智夫日在昆吾則慮繁事擾景落濛汜則神靜志怡壁月珠星含華相照輕雲薄霧朗然自戢鳴鍾浮響光燈吐

輝法幢卷舒拂高軒而徐薄名香郁馥出重
擔而輕轉金表含映珠柱洞色況復天尊端
嶷威光四照煥發青蓮容與珂雪覺衹衛之
咫尺若林園之斯在大招離垢之賔廣集應
眞之侶凊梵含吐一唱三歎密義抑揚連環
不輟南平王體得機之敏資入神之微抱德
含和經仁緯義善無細而不窮累有輕而必
捨受同虛篇照如懸鏡忘魯衛之尊高略樹
蔞之華重建希有之勝席臨難遇之法場相
與五體歸命敬禮云云
願大王殿下入不二門登一相道德階不動
智超遠行洋溢億聲與八風而共遠優遊玉

體等六律而相調餐雪山之良藥挹露城之甘味衮服瓛珪與四時而永久朱輪緹幟貫千祀而常然

廣弘明集卷第十五

亦

作梗下加猛反礙也 炳音丙 僧孺下而注反 靈胄下直右反胤|也 雋哲上俊字同 夕惕下他的反驚| 鷫閞華反羽| 闢毗亦反開|也 慨苦愛反嘆也 淹邑塩反遲留也 褫龍上直介反解衣也 貿莫候反|易也 褷褐上所宜反正作欐毛羽衣皃下音曷上衣也 班卉下許鬼反|布草也 立盟下音明大誓日| 氂力之反理也 併音併 泯米忍反|滅也 濯音濁 六胇誤也乃是佛字文中已改 豔紫以贍反 倏忽上音叔 負蓍下音尸|草也

擇以籤卦逞丑領反粹私遂反外鍵上音件開|也罩竹孝
反籠|掇丁活反採|也聃周上吐甘反老子名也緬邈上毋展反下眉
角反遠也蔚采上音鬱茂盛之皃一音畏鄒魯上側愁反||孔子生地絢
常呼縣反文彩皃未明集意也殄悴上徒典反下才遂反壑若上呼各反
頹徒回反|墜也黔首上巨廉反黑首民也涸津上音鶴水竭也匱
求位反崩岑下助參反山小而高也俱褫下直尒反正作陊崩也解
轡下音秘馬銜也情悸下求季反心動皃也暨其器反及也籧廬上音
渠叡作上羊歲反聖|揭秀上渠列反峻誕上私閏反|高也誕大也
瓌奇上古回反蘊匵上紆粉反蔵也下音讀匱也曖來上音愛温和也
赤畿下巨衣反王者内地之縣覿徒的反見也井蛙下烏瓜反蝦蟇也
淵藪上烏玄反下音叟||泉澤也閶闔上音昌下胡塔反門名天諧
下戶皆反和也霣花上羽敏反落也醴被上音禮甘|也霈清

上普貝反多澤也鼇力之反理也綏音雖安也砥櫟上音旨下七到
反謂砥磨志櫟濟濟子禮反衆盛皃詵詵所巾反衆言丨丨摹故上莫
胡反矩來上俱羽反法也屒峙下直里反丨立也金墉下音容墻也
豔蔚上艷字下音鬱葳蕤上音威下汝水反丨丨花也靈颾下必苗反
風也上或作雲珉瑤上音閩丨丨玉名芙蕖二音扶渠荷花也葩疋麻
反花也惚怳上音忽下兄往反擢音濁拔丨遘古候反晃胡廣反明
也冡朗上郎鄜反下炉黨反徼妙上音叫邊道也縹眇上疋小反下米
小反丨丨遠皃也磐行上音盤莅音利臨也中墦下音煩丨塚也亹
亹音尾美也三攄下丑居反頡頏上胡結反下何朗反丨丨不恭皃閈
首音韓恬愉上徒添反下羊朱反不眴下詩閏反騁丑領反馳丨也
迹隕下羽敏反墜也跨頌化反丨越也駭胡買反驚丨摯遊上音至握
持也又作拏苦結反戢翼上阻澁反鍛也高嵎下音愚山丨也婉紆阮反丨

美也蟬蛻下音稅殼也幽藹下於蓋反清也曙時庶反且丨奮若
上方問反歲在旬日赤丨丨墟丘居反躇音除行遲皃光晷下音軌日
影也挫則卧反推丨也操務上七刀反丨執也作操非縻密碑反琅音郎
濯纓上音濁下一盈反冠垂也古詩云滄浪之水清可以濯我纓一簣下求
伍反土籠也嶔壁上音堪山崿也滮澗上彼休反刊刻上苦寒反徂
謝上在胡反往也徽猷暉由二音善美也飛鴞下于嬌反惡聲鳥也屯
邅上知倫反下知延反沉詖下彼義反諂惡也發問下俱永反明也槩
古愛反步櫩下音鹽與簷同屋丨窈窕上煙曉反下徒了反房櫳下郎
東反墀音遲堦丨云孚下芳無反信也惕他的反驚丨也覿徒的反見也
淪滑下息徐反没也驟遷上助瘦反森兮上音參列罪皃慰企下丘
智反望也一援下音院救也助也蕚吾各反花丨也核閑革反果子丨也又
胡骨反眠尼一反近也迭徒結反丨互薈蔚上烏外反下烏勿反丨丨

雲興皃攢聚上自官反儵爍上音叔｜忽也下詩若反光皃毃開華反考
｜也恧尼六反懃｜也措筆上七故反記諜下音牒鑽叩
上子官反下音口鑽鑒叩擊也悠夐下休詠反｜｜遠也旻音閔炳煥丙喚
二音明也回舛下音喘回猶邪也壅紆拱反揔緝上惣字下七入反續
也亦作絹區畛下之忍反區田坵也畛田間道也耿介上耕字上聲｜｜忠
烈也下亦作爪倜儻上他的反｜｜奇特非常也肸響上許乙反｜｜遍布
也又盛作也葳蕤上音威下而誰反舛雜上昌軟反差錯也尺捶之委反合
作箠馬策也尺箠謂短也貽厥上余之反闚𥄫亦反開｜也溉古愛反杳冥
上煙曉反｜｜深遠皃砥矢上音旨下式旨反鄮縣上莫候反彫鏤
下音陋基墌下音隻合縫下扶用反纖息廉反岐州上巨移反
智琮下在宗反詵所巾反雒縣上音落榛木上助巾反叢木也
臨淄下側思反或作菑轉誤也楡社上羊朱反刪丹上所間反髙悝

下苦回反光趺下音夫光佛焰也趺蓮座也沮渠上子余反複姓也眩
目上音縣襄州上息羊反挽之上音晚牽丨番禾上音盤煬
帝上余向反鐵鑛下俱猛反姜明上音薑督事上音篤察也斲
掘上音卓下求勿反拗臯上烏巧反峴山上形顯反欻然上許勿反
有所吹貞礎音楚柱丨陶侃下苦罕反建旟下音余衆也畫鳥集
於幡旗之上日丨所以進士衆也渝州上羊朱反循州上音旬靈龕
下苦合反大澍下音注大雨也塵玷下音點底丨也郝辯上呼各反擬
鍍下音度金塗也冶鑄上音野鑪丨也下音注鎔丨也火浣下玄件反俗作
浣炎洲出獸毛織爲布垢穢以火浣洗懽慘下七感反謂忻懽愁慘也失稔
下汝審反丨丨歲不熟也亂之上余鎖反銜愆下去乾反罪也縲紲上力
追反下音薛丨丨黒索繫縛也古牢獄之名擊轅下音園車丨巴人上伯
麻反對葵下具惟反向日卓名爝火上才約反一音雀炬火也軒嫣下俱

為反無垠下音銀丨涯也睿化上羊歲反覃徒南反及也稽古上音鷄芻言上楚俱反草穢之言捃採上居運反拾也騖音務馳丨罩竹孝反籠丨緯樂上音謂經丨下音岳礼丨汾水上音樊懋善上莫候反美也槐衮上懷回二音下古本反八凱下苦改反同前封疆下音薑丨工也鏤臆上音陋犀丨下音憶胷丨之師下所類反將丨鑠石上詩若反挂逈上音掛潏露上餘律反瑞雲也正作霱宮雉下直介反墻高一丈

日丨幽隍下音皇城池也提挈下丘結反童稚下直利反謳歌上烏侯反青蚨下音扶山海經云東海有魚名曰青蚨以血塗錢索錢飛而貫今以錢目丨丨也寶棹下直孝反聳息勇反綴知衞反連云照意音亦同玉蔕下音帝葳蕤上音威下而誰反靈蓮下山葉反蓮蕸瑞草也神莢下古帖反蓂丨同前弘浹下子帖反沾也摩鉗下巨廉反勠力上音六同力也抱嗉下音素今叶淳素之義也

賢肖下音笑慊到上苦點反丨切也燮和上先怗反丨亦和也惇
史上丁昆反厚也縉惠上七入反貴嬪下音頻宮妃也冏俱永反明也
煥若上音喚明也恪居上苦各反恭丨鄱陽上音婆岳峙
下直里反立也摩醯下呼兮反飄颻上疋苗反下音搖滄浪蒼郎二音
劒鍔下吾各反鋒丨險脆下七歲反危丨蜉蝣浮由二音朝生暮死之蟲
也攢危上在官反聚也長享下許兩反囹圄靈語二音獄名也恊
音叶繫表上胡計反汾水上音焚反八埏下詩然反地之八極也虎
豹下必皃反虺虵上許鬼反毒虵也蹍女展反踐也噬音逝丨蠡抵
玉上音底醴泉上音禮甘丨藁街上古老反街名也前漢在安城門內
曰丨丨愈睟下私遂反正作粹丨眞也審諭下音裕問也侔音牟丨等
也磅礴上疋忙反下音薄地也煥炳喚丙二音淑聞上音熟美也聞令
望也秉珪丙主二音天子執珪襲袞上音習下古本反龍衣也憩棠上丘

例反息也下音堂邵伯甘棠之改也東瞰下音敦日初出西奔下奄字或作奔

蕉蘆芭蕉也蘆葦也皆俞無堅實之義虛衒下音縣矜誇也旦奭下詩

亦反古之二賢名周公旦周公奭義藹下於葢反作鉉下玄犬反鼎丨彭

涓下俱玄反古之壽人松筠下音勻竹也金鏘下七羊反金聲也桂

縟下音辱文彩皃彬彬廷賓反丨丨文質相半也亹亹音尾美也清祉

下音耻福丨也出牧下音目守丨也鏗鏘上口耕反下七羊反丨丨金玉聲

椒闈上子消反藥名也下音圍宮丨也皇內以椒泥塗壁用辟邪氣也解珥

下而志反耳飾也樊姬上音煩下居之反撤直列反除也嬀扆上俱

爲反鐫圖上子全反彫丨王姬下余之反王妻別名今皆作居之反緹綺

上啼體二音赤色也駛河使史二音丨丨疾流也下文駛流亦同遏烏葛反止

也八疵下疾斯反丨病也涸澤上音鶴水竭也權衡上巨貟反下戶

庚反秤晉丨丨斗斛下胡谷反三彰下正作障杳冥上煙曉反

長鶩下音務同前邅迴上知連反迍丨狙詐上子余反溘死
上苦合反忽也瞬息上音舜丨丨動目間也東扶下音符扶桑日出處正作
摶西崦下邑壏反丨嵫日入處巳庂下音側斛丨也閱川上音悅覗
也川謂逝川也鎣紆定反光丨也琢音卓關鍵下音件清桴下音
浮皷椎也愕吾各反驚丨也闢眦益反開也羅縠下胡谷反呫危上音
壏臨危也冗冗而勇反厂散也盎盎上扶分反下紆云反鑄戟下居逆反
弋丨南洎下其器反至也粹軌上私遂反純丨棹寶上直孝反進舡棹也
浹子帖反遍沾也祧墠上土條反祖廟也下音善治地爲壇也宗祏下音
石宗廟之祖也僾然上音愛丨丨髣髴之皃遨遊上吾高反殫音丹挺
玉上亭湏反丨片也輟刃上知劣反止也塵轢下磿落二音車丨碾
也慕垂上要鳥反苦菜也桂蠹下音妬食木蟲也枕麴上之禁反
下丘六反麴蘖也丨丨謂好飲昬昬之皃肥醲上房非反内味也下音濃美酒也

湣湮 上乙咸反丨沒也下音因沉也 靡蔓 下音万丨丨美也 蹲烏 上音存

麋鹿 上音眉小鹿也 蠶縈 上自含反下紆營反丨纏 轘裂 上音患以車裂人謂之丨

斷趾 下音止脚丨也 壅 紆拱反丨防止水也 樸 足木反打丨也

⿰木孟燎 下力照反野燒也 鑰 音藥関丨 嬈 乃鳥反弄也一音遶丨亂也

濛汜 蒙以二音日落之處 郁馥 上於六反下音伏丨丨香氣 重檐 下簷字同

端嶷 下宜力反山貞 柎蕚 上音夫下吾落反柎花坿足承花蕚也

僡聲 上惠字 挹 音邑酌也 衮服 上古本反龍章也 桓珪 上正作巘惠官反下音圭上公所執也

緹幟 上音啼下音熾丨丨赤色旌旗也

廣弘明集　第十六

四百七十七

赤六

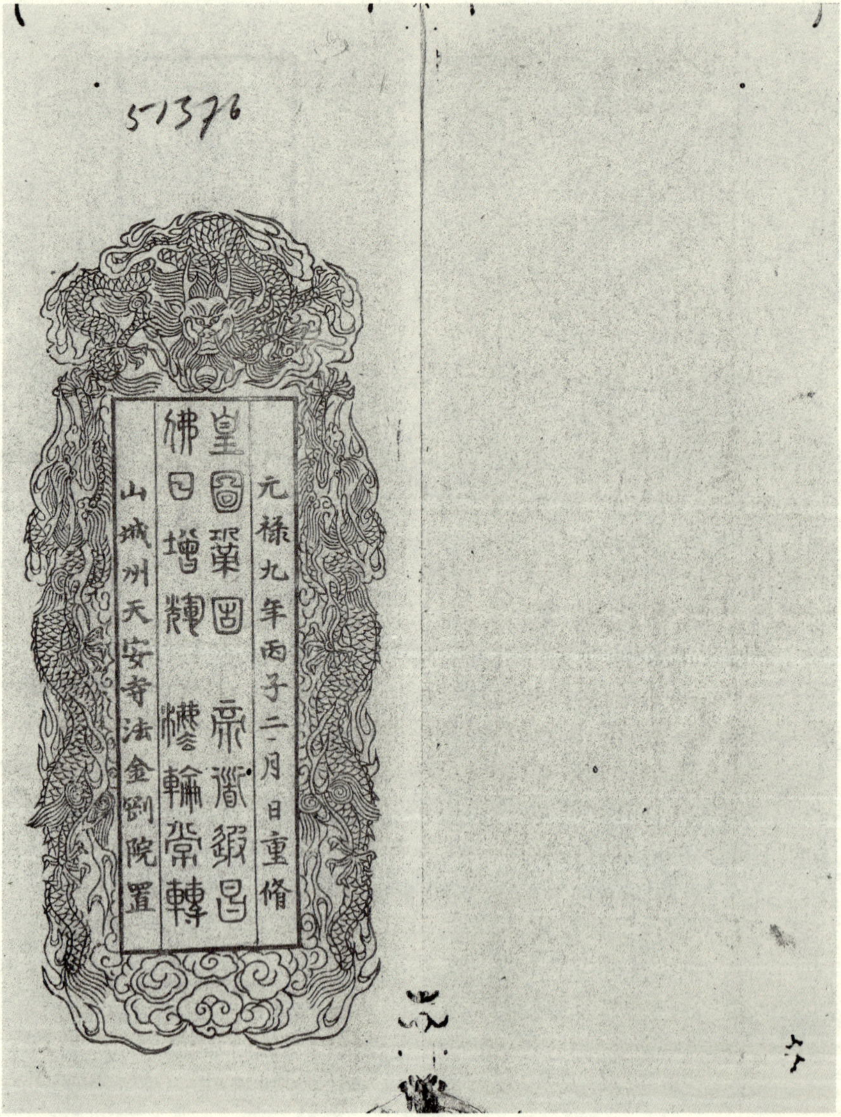
5-1376
元祿九年丙子二月日重脩
皇圖鞏固 帝道遐昌
佛日增輝 法輪常轉
山城州天安寺法金剛院置

廣弘明集卷第十六　亦

大唐西明寺釋道宣撰

佛德篇第三之二

謝述佛法事書啓十四首

梁簡文寺刹像等銘十首梁沈約等

奉阿育王寺錢啓　梁簡文

臣諱言臣聞八國同祈事高於法本七區皆蘊理備於涌泉故牙牀白纖無因不覩金瓶寶函有緣斯出伏惟陛下懸天鏡於域中運大權於宇內三有均夢則臨之以慧目百藥同枯則潤之以慈雨動寂非己行住因物無能名矣臣何得而稱焉故以照光赤書則前

史之爲瑞珥芝景玉嗤往代之爲珎難遇者乃如來眞形舍利照景蜜瓶浮光德水如觀鈎瑣似見龍珠自非聖德威神無以值斯希有天人頂戴遐邇歸心伏聞阿育王寺方須莊嚴施臣萬金檀豊十藏寶陳河府泉出水衡比丘持土大廈方搆羅漢引繩高塔將表不勝喜抃謹上錢一百萬雖誠等散華心荷不盡而微均滴瀝陋甚隣空輕以塵聞伏啓悚汗謹啓

謝勑苦行像并佛跡等啓

臣諱啓舍人顧虔奉宣 勑旨以金銅苦行佛并佛跡供養具等賚使供養伏以六年道

樹超出四魔千輻足輪德圓萬善故能聞見
悟解逢遇祛塵天聽恩隆曲垂獎被謹修飾
櫚宇齋潔身心翹仰慈光伏待昭降千唱四
辯尚不宣心輕毫弱簡豈能陳謝不任下情
謹啓事謝聞謹啓

謝勅叅迎佛啓

臣諱啓主書周昂奉宣 勅旨曲賚恩叅臣
即爾到建元寺奉候法身金山戾止王人勞
問榮恩頻疊啓謝無辭不任下情謹啓事謝
聞謹啓

荅勅聽從舍利入殿禮拜啓

臣諱啓舍人王景曜至奉宣 勅旨曲垂建

問并聽臣隨從舍利入殿禮拜謹奉秋色照
澄預表光瑞臣比身心得無障惱明陪扈寶
函謹鞠躬恭到但不生羽翼無假神通身升
淨土高排閶闔足踐蓮華方茲非喻升躡寶
梯比斯未重誘導殊恩實迴始望顧茲塵縛
喜戴不勝謹啓

謝勅賚銅供造善覺寺塔露盤啓

臣諱啓主書陳僧聰奉宣　勅旨垂賚銅一
萬三千斤供造善覺寺塔露盤是稱柤陽之
珎實亦昆吾之瑤爍濕無變九布見奇寒暑
得宜六律成用況復神龍負子光斯妙塔金
鳥銜帶飾茲高表函谷馳其詠歌臨淄悉其

祥應陽燧含景還譬日輪甘露入盤足稱天
酒辭林本闕心辯又懃徒戴重恩終難陳謝
不任銘荷之誠謹奉啓聞謹啓

謝勑使入光嚴殿禮拜啓

臣諱啓舍人王景曜奉宣　勑旨曲垂勞問
并使明入光嚴殿禮拜法身謹奉臣粗蒙恩
造明宗開蔡到遂以勞屢升淨土風積水厚
不足爲喻微心悚躍上謝無辭不任下情謹
啓事謝聞謹啓

謝勑使監善覺寺起刹啓

臣諱啓伏見　勑旨使監作舍人王曇明材
官將軍沈微御仗吴景等監看善覺寺起刹

事爰奉聖恩曲降神力命斯執事修茲長表
寶塔雲攢無待喜園水精特進非差龍海大
龜持況未足爲盛鷲鷺引繩方斯取埒仰瞻
慈渥喜戴不勝俯循宿願私增淨嘡不任銘
荷謹奉啓謝聞謹啓

謝御幸善覺寺看刹啓

臣諱言即日輿駕幸善覺寺威神所被金表
建立檃泰清而特起接庫樓而上征既等湛
然長均淨土方爲佛事永刹天人頂荷之誠
臣百恒品不任下情謹奉啓事謝聞謹啓
汝所營建慈悲寶刹諸佛威神不營多功纔
欲運力即便竪立幽顯欣仰我亦隨喜不得

與汝同共瞻拜此以爲恨耳越勑
謝勑賚錢并白檀香充法會啓
臣諱啓傳　詔奉宣　勑旨以臣明法會垂
賚錢二十萬白檀薰陸牋香各十斤黃紙詔
書先開泉府青雲好氣次集桂宮貨重文龜
芳踰麗草散金廡下止及軍吏積穀充家鸞
班親族未若資此良田方開五蓋入蘇流度
長出四流假詞敬祖尚懃難述借辨君卿猶
知非謝不任荷戴謹啓事以聞謹啓
謝勑賚栢刹柱并銅萬斤啓
臣諱啓傳詔呂文強奉宣　勑旨賚臣栢刹
柱一口銅一萬斤供起天中天寺九牧貢金

千尋挺樹永曜梵輪方興寶塔夏著神鼎晉
恩相風使福被域中功提無外臣以庸愚稟
承勝善樂受遍心恩光動色銘荷之誠無詞
啓謝不任頂戴謹奉啓謝聞謹啓

千佛願文　梁簡文

蓋聞九土區分四民殊俗昏波易染慧業難
基故法身寂鏡有照斯感滌無明於欲海度
蒼生於寶舩或輕慈導捨薄笑牽悲曲豔口
宣鉾光頂入自鹿樹表光金河匿曜故像法
衆生希向有形雖千聖異跡一智同塗弟子
某甲久没迷波長流苦沫不生意樹未啓心
燈而蓋生一念敬造千佛雖復無上無爲極

相難辯非空非有妙智誰觀而紺髮日光蓮眸月面庶可長表誠敬永寄心期

爲人造丈八夾紵金薄像疏　梁簡文

比丘某甲敬白竊以慧日潛影慈輪罷應業逐惱飄愛隨情織徒懸衣珠抱名珍而弗悟聊歎葉金惑空言而啼止自非表茲勝業樹彼妙緣何以去此心堂移茲身窟故水精龍塔永愴恨於遺髭明鏡石龕獨徘徊於留影某甲久發誓願遍爲六道四生造夾紵丈八佛像一軀年月已流因緣易奪常恐暫有之身忽隨晝水還無之報飆爾電光今便建立誠心遂茲本誓使聚月見容金山表跡見形

善發聞名惡捨拔六根之痛惱去五燒之焚灼但四寶屢空七財多匱仰雙蓮而獨慨覩萬字而無由儻能薄離五家微捐四事結此冥慈共成因果則素疊之功非唯昔世散華之報方驗來緣語善無窮在言多恐謹言

與僧正教　梁簡文

此州伽藍支提基列雖多設莊嚴盛修供具觀其外迹必備華侈在乎意地實有未弘何者凡鑄金刻木鏤漆圖瓦蓋所以仰傳應身遠注靈覺羨龍瓶之始晨追鵠林之餘慕故祭神如在敬神之道既極去聖茲遠懷聖之理必深此土諸寺止乎應生之日則整刹形

像自斯已後封以篋笥乃至葉服離身鼻災去頂或十尊五聖共處一廚或大士如來俱藏一櫃信可謂心與事背皃是情非增上意多精進心少昔塔裏紅函止傳舍利象頭白氎非謂全身失以畫像追陳尚使吏民識敬鎔金圖範終令越主懷恩匹以龍阿尚能躍鞘方之虎兕猶稱出匣況復最大圓慈無上善聚聞名去煩見形入道而可慢此雕香蘊斯木蜜緘匿玉毫封印金掌既殊羅閱久入四天又異祇洹掩戶三月竇殿空臨瓊階虛敞密帷不開非仲舒之曲學紅壁長掩似邠卿之避讎旦廣厦雲垂崇甍鳥跂若施之玉

座飾以金鈿必不塵露日姿虧點月面琉璃密窻自可輕風難入龍鬚細綱足使飛鸞不過兼得虔敬之理必崇接足之心弥重可即宣勤永使准行

與廣信侯書　梁簡文

綱白闊絶音旨每用延结風嚴寒勁願此怡和伏承淨名法席覯承金口辯珍鹿苑理愜鷲山微密秘藏於斯既隆莊嚴道場自兹弥闡豈止心燈夜炳亦乃意蘂晨飛思理弘明本長内教今陪十善之車開八政之路流波若之水洗意識之塵以此春翹方爲秋實綱每憶華林勝集亦叨末位終朝竟夜沐浴妙

言至於庠罷日餘退休傍省携手登臨兼展
談笑仰望九層俯窺百尺金池動月玉樹含
風當於此時足稱法樂令卷惟之部秉傳一
隅聞慧雨滂流喜躍充遍繞仰懸河無由承
稟空無所有不瑩情靈緣癡有愛自嗟難拔
兼下車已來義言蓋少舊憶已盡新解未凝
既慚口誦復非心辯永謝寫瓶終慚染鶻是
則慈雲既擁智海亦深影未波餘希時灑拂
但塍違轉積與言盈臉願加敬納言不宣心
謹白

與慧琰法師書

五翳消空韶光表節百華異色結綵成春道

體何如恒清宜也對翫清虛既在風雲之表
遊心入理差多定慧之樂弟子俗務紛紜勞
倦特深睠然北嶺欽賢已積會遇之期庶心
可屬有緣之儔事等飢渴仰望來儀一日三
歲想思弘利益理當無爽指遣此信無述寸
襟絪和南

且來雨氣殊有初寒攝衛已久轉得其力雖
他方法界略息化緣祇洹之裏恒有語對眷
佇之深無時不積久因倩師頻述方寸不知
巧笑之僧頗爲津及不耳前昨已來微事義
聚龍象畢同應供皆集慧炬開心耳露入頂
聞之善諦持盡歡怡想味之懷轉復無極昔

在幼年經聞制旨受道曰淺北面未深雖異禪那事同華水今段西下特蓄本心訪理質疑屬在明德不謂般若留難現疾未瘳問津無地歎恨何已伏承輿駕尋幸伽藍冀於此時待一覩止辨論青豆之房遺惑赤華之舍追往年之宿眷述即日之寸心此事此期必冀非爽指遺承問佇有還書綢和南白，

荅湘東王書

暮春美景風雲韶麗蘭葉堪把沂川可浴第召南寡訟時綴甘棠之陰冀州爲政暫止褰襜之務唐景薦大言之賦安太述連環之辨盡遊翫之美致足樂耶吾春初臥疾極成委

弊雖西山白鹿懼不能窬子預赤九尚憂未
震高臥六安每思扁鵲之問靜然四屋念絶
修都之香豈望文殊之來獨思吴容之辯屬
以皇上慈被率土甘露聿宣鳴銀鼓於寶坊
轉金輪於香地法雷驚夢慧日暉朝道俗輻
湊遠近畢集聽衆白黑日可兩三萬獨以疾
障致隔聞道豈止楊僕有關外之傷周南起
留滯之恨第十三日始侍法筵所以居長近
還未堪執筆敬祖前邁裁欲勝衣每自念此
慇然失慮江之遠矣寤寐相思每得弟書輕
痾遺疾尋别有信此無所伸

寺刹佛塔諸銘頌　梁沈約

南齊僕射王奐枳園寺刹下石記一首

佛教東流適未尤著始自洛京盛於江左晉故車騎將軍瑯琊王劭玄悟獨曉信解淵微於太祖文獻公清廟之北造枳園精舍其始則芳枳樹籬故名因事立雖房殿嚴整而瓊刹未樹邵玄孫尚書僕射南徐州大中正奐深達法相洞了宗極勤誠外著仁隱內弘食不過中者一十一載雖翼務朝端而事隣柰園日者作翰湘州樹麾蠡服位與年升秩隨歲厚顧惟恩隆主盼寵結皇情任處東方寄深外屏徒欲盡能竭慮知無不爲下被民和上宣聖澤而自以力弱途遠終慙短効且義

止今生報褰來果非所以酬鴻貺於冥津暢
丹誠於遐劫自秉傳衡皐辝簪泒渚誓於舊
寺光樹五層捐割蓄俸十遺其一凡厥所收
三十有六萬齊之永明六年六月三日蓋木運
將啓之令辰上帝步天之嘉日乃抗崇表於
蒼雲植重扃於玄壤仰願宸居納祐福履攸
歸八神驚室萬祇翼體寶祚隆邈比固須弥
靈筭遐永齊軌常住諸聖延祥掩天和於少
極蕃王碩茂播宗英於梁楚群后流克讓之
風庶民垂可封之德含生愷樂物不夭性嘉
穀年登餘粮栖畝夷荒田附邊城解析家備
十善人懷六度魔衆稽顙外道屈膝抽薪止

火折劍摧鋒拯幽酸於無擇陟神化於有頂三界五道咸同斯願刊石重壤式昭厥心

齊竟陵王題佛光文一首

夫理貫空寂雖鎔範不能傳業動因應非形相無以感是故日華月彩炤曜天外方區散景咫尺塵方太祖皇帝濯襟慧水凝神淨域猷世珍陛遷靈寶地竟陵王諱泣明臺之下臨慟高山之方遠慕餅王戀情殷樹雙永惟可以炳發神功崇高妙業莫若式金寫好資巧匠傳儀以皇齊之四年日子敬制釋迦像一軀尊麗自天工非世造色符留影妙越檀香俾穀林之思永旌於萬劫用刊徽迹式垂

不朽云尒

彌陀佛銘

法身無像常住非形理空反應智滅爲靈窮
寂震響大夜開冥眇哉遐壽非歲非齡物受
彫彩人榮寶飾事儉欲興情充累息至矣淵
聖流仁動惻順彼世心成茲願力於惟淨土
既麗且壯琪路異色林沼焜煌靡胎靡娠化
自餘方託生在焉紫蒂青房眷言安養興言
遐適報路雖長由心咫尺幽誠冐寄刋靈表
迹髣髴尊儀畵金寫石瀆淹玉沙乍來乍往
玲瓏寶樹因風韻響願遊彼國晨翹暮想七
珍非羡三達斯仰

瑞石像銘 并序

夫靈應微遠無迹可追心路照通有感斯順我皇體神御極握睿臨乾幽顯成襄無思不服若夫二儀叶德五精翼化下洞淵泉上達蒼旻天無息瑞地不降祥十住髣髴於林衡應眞肸響於清夜素毫月舉騰光於梵室妙趾神行布武於椒殿至於事符緗諜既表禎圖無不雲霏霧秀盈簡被策莫黑三距肹千齡而再現景露淳腴望鳳蓋而沾陛此皆舜日未書堯年罕降豈直朱烏動色玄秬相趣而已哉嘉玉遠自北戎梁弱水而委質潤徹瓌奇曠世之所不覩白金近發東山剖幽巖

而啓瑞像被崖瓛鴻靈之所未刋雖復素環
之絕睨燭銀之瑤寶方斯蔑如也若夫金石
具剛非游泳之質自非霈德潛衍感極迴靈
豈變堅沉之體顯輕浮之相維永明七年某
月爰有祥石聄發天津浮海因潮翻流迴至
表異浙河獻奇禁圃瓊瑜等潤精金比色帝
上眷幽關之易啓咨玄應之無方雖栫事寂
寥而因心咫尺愛其貞恒之性嘉其可久之
姿莫若圖妙像於檀香寫遺影於祇樹乃詔
名工是鐫是琢靈相瑞華煥同神造至於雕
削之餘遺刋委鄧方圓小大觸水斯沉駐罕
停蹕親加臨試良由法身是託不溺沉溺之

淵剖析既離方須浮金之水至矣哉禎符若斯之妙也敢銘寶䫉永福天人其詞曰

遥哉上覺曠矣神功四禪無像三達皆空表靈降世演露開蒙惟聖仁宇寶化潛融道非迹應事以感通沉精浮質遠自河蔥悠悠亘水眇眇因風汔彼遼碣瑞我國東有符皇德乃眷宸衷永言鷲室栖誠梵宮載雕載範寫好摘工藉茲妙力祚闡業隆晃旒南面比壽華嵩

釋迦文佛像銘

積智成朗積因成業能仁奕感將吼妙法駐景上天降生右脇始出四門終超九劫眇求

靈性驤追玄軌道雖有門迹無可朕物我兼謝心行同泯一去後心百非寧盡感資理恰或以言陳言不自叩出之者身有來必應如泥在鈞形酬響荅且物且人應我以形而余矇瞽守茲大夜焉拔斯苦仰尋靈相法言攸吐不有尊儀菱焉誰覩

千佛頌

道有偕適理無二歸照寂同是形相俱非千覺俯應遍叩冥機七尊緬矣感謝先違旣過已滅未來無像一剎靡停三念齊往不常不住非今非曩賢劫雖遼倏焉如響栖林藉樹背室違家前佛後佛迹圖隆窟或遊堅固或

蔭龍華能達斯旨可類恒沙甡甡群有均此
妙極先晚參差各願隨力密跡弘道數終乃
陟誓觀來運永傳今識

弥勒讚　皇太子造石弥勒太官令作讚

乗教本一法門不二鄞基累明功由積地眇
眇長津遙遙遐邈道有常尊神無恒器脫屣
王家來承寶位慧日晨開香雨霄墜藉感必
從憑緣斯至曰我聖儲儀天作貳尚想龍柯
瞻言思媚鐫石圖徽雕金寫秘望極齊工攀
光等邃超矣福臻融然理備敬勒玄蹤式傳
遐懿

繡像題讚并序

維齊永明四年歲次丙寅秋八月己未朔二日庚申第三皇孫所生陳夫人舍微宅理炳慧臨空結言寶位騰心淨覺敬因樂林寺主比丘尼釋寶願造繡無量壽尊像一軀乃爲讚曰

表相異儀傳形匪壹鏤玉圖光雕金寫質亦有淑人含芳上律絢發綺情幽擒寶術縟文內炳靈姿外溢水耀金沙樹羅瓊實現符淨果來膺妙祑毓藻震閨騰華梵室有億斯年於萬茲日

光宅寺刹下銘 并序

光宅寺蓋上帝之故居行宮之舊兆揚州丹

陽郡秣陵縣某鄉其里之地自去茲邠毫來
儀京輔拓宇東第罷武城闉聖心留愛關素
遷負南郭義等去鄲事均徙鎬及尉濟橫流
膺斯寶運命帝閽以廣闢即太微而爲宇既
等漢高流連於豐沛亦同光武眷戀於南陽
思所以永流聖迹垂之不朽今事興須彌等
同理與天地無窮莫若光建寶塔式傳于後
乃以大梁之天監六年歲次星紀月旅黃鐘
閏十月二十三日戊寅仲冬之節也乃樹刹
玄壤表峻蒼雲下洞淵泉仰迫星漢方當銷
巨石於賢劫極未來於忍土若夫朱光所耀
彤雲所臨非止天眷兼因地德皇帝乃啓扉

闍闔造舟淮涘接神飆而動驂越浮梁而遷度芝蓋容與翠華葳蕤萬輦停蹕躬展誠敬廣集四部搜景同蹤弘北廣因被之無外同由厥路俱至道場乃作銘曰

八維悠闊九服荒茫靈聖庨止咸表厥禪壽丘諼諼電繞樞光周原撫撫五緯入房自茲遐𡕝在處弗已安知若水寧辨窮桑自天攸縱於我惟皇邸基昔兆爲世舟航重檐累構廻刹高驤土爲淨國地即金床因斯太極溥被翾翔豈徒三界寧止十方濡足萬古援手百王一念斯答萬壽無疆如日之久如天之長

栖禪精舍銘

此寺征西蔡公所立昔廁蕃麾預班經創之
始今重遊践鑒舊與懷故爲此名以傳芳迹
在郢州永徽三年歲次某時某月某朔某日
子巖靈旅逸地遠柄禪蘭房葺蕙嶝莚架烟
南瞻至野北望淮天遥哉林澤曠矣江田空
心觀寂慧相淳筌眷惟斯践愴屬遐年游仁
廁遠宅賞憑旃頒創神苑陪攝靈椽騰棼拓
圃望鷲踈山製石調響栖理凝玄曠移羽旆
聊别松泉妻組東國化景西蓮鑾隰𢦏改蓬
㩳粗遷重依漢遠復逐旋懸往辭妙幄今承
梵筵八翻海鶴九噪巖蟬珮華長掩懋迹空
傳式籍雲拱敢告祥緣

廣弘明集卷第十六 亦
諱許謂反 白纖下息罕反或作纖誤 珥芝上而志反下音之瑞草也 嗤
尺之反笑也 喜抃下皮變反舞丨 顧虒下尼勅反 賚郎代反賜也 攔
宇上音壜與罃同 戾止上零帝反 陪扈下音戶丨從也 閶闔上音昌下
故塔反天門名 躡蹋下尼輒反蹈也 扭陽上女九反正作耶也名 燥濕
上蘇老反乾丨 臨淄下側思反 恧尼六反慙也 陽燧下音遂火母也 鷲
鷺秋路二音此謂舍利弗也曾與給孤長者絣繩立祇陀園基 取捋下音劣齊
等也 浮噎下於結反 上征下之盈反 棧香上則前反正作棧 廡下
上音武郎反 蓮眸下音牟目也 夾紵下音佇丨丨膠漆之器 飈介
上必苗反 鏤漆上音陋彫丨 篋笥上苦怗反下相寺反同前 一擅下求
位反擲也 龕 躍靮上音藥跳丨下音笑鋼丨 虎兕上虎字下徐姊反野牛也

虗敲下昌兩反｜顯邠鄉上布巾反廣廈下音夏屋頭橫架曰｜崇
甍下音萌飛簷也鳥跂下丘智反立也金鈿下殿田二音金寶飾器也塵
靄下於改反掩寒勁下居政反寒風緊健理愜下苦帖反心伏也心
鐙下正作燈意蘂下汝水反瑩紆定反睽違上苦圭反｜乖也盈
瞼下音檢目上下也慧琰下以檢反紛紜下倶有反｜｜亂也睠然
上音眷｜顧也可孱下助連反謹也寸衿下音今正作襟衿｜也倩師
上千見反善謔下許約反戲｜未瘳下音抽病安也覯止上古候反見也
沂川上魚衣反暮春俗乎沂水之上論語云俗乎沂綴知衞反茸棠下音
唐邵伯有芓棠之詠也襃襜上去乾反下尺廉反｜帷也賈琮爲冀州剌史傳車
襃帷瘉愈字扁鵲上蒲犬反｜｜古醫人輻湊上音福下七奏反如衆輻
聚於轂也輕痾下音阿病也王臾下喚枳園上音只樹麾下許
爲反樹立旌｜也蠡服上音羅谷｜匈奴官名谷音鹿秩隨上達一反依秋

誤主䏙下音麵報鶱下去乾反虧反鴻䴇下音沉賜也秉傳
下知戀反驛路也衡皋上戶庚反下音高正作皋丨丨掌山澤之官也辞簪
下側參反棄冠日丨丨泒渚上足賣反下之呂反蓄俸上方煩反下房用反
禄丨也重扁下俱螢反戶也愷樂上口改反和也稽顙下蘓朗反以首
至地也刋石上苦寒反丨刻炤曜上照字濯衿二字音濁今洗衣也
凝神上魚陵反鉼王上音瓶焜煌上古本反下音皇琪路上音
其靡娠下音申孕丨也紫蔕下音帝瀆淹上徒每反下音陁丨丨水
沉沙也正作遺淹肸響上許乙反丨丨遹布也椒殿上子消反緗諜
上息羊反丨襃也下音牒譜丨也禎圖上知盈反雲霏下音非雨落皃暠
露上古老反白也淳腴下音俞玄秬下音巨丨丨黑黍也或作粔音似耒
丨耕具也恐非此用崖巇上魚皆反下語偃反丨丨山重也蔑如上莫結反
無也游泳下音詠沛德上普貝反正作霈潛衍下音演山陵間也

瓊瑜上巨榮反下羊朱反玉名析事上光擊反分也鐫子全反琢音卓
斲音卓停躃下音必駐罕停躃罕者旌旗也躃者天子出駕止行者也遼碣
下音竭遼遠也碣石山在海閒宸衷辰中一音天子襟抱曰丨摛工上丑知反
丨也舒冕旒二字音免流天子之冠垂旒十二諸侯九大夫七士三旒也可
朕下直引反丨兆泯米忍反丨滅矇瞽蒙古二無目也音攸吐上音
由薆焉上音愛隱蔽也偕適上音皆俱也倏焉上音叔丨忽隆
窊下烏瓜反隆高也窊下也莘莘所巾反正作甡丨丨衆多皃遐轡下音
秘脫屣下所綺反屣也同前龍柯下音歌邃私遂反深也鏤玉
上音陋雕丨淑人上音熟善也絢發上呼縣反文彩皃縟文上音
辱文彩也毓藻上余六反邠毫上彼巾反下音丨丨地名也拓宇上音
託丨開城闉下音因城上重門也鄷音豐地名徙鎬上斯綺反移丨也下
胡道反長安曰京鎬帝閽下音昏天子守宮門者廣闢下毘益反開也月

旅下音呂律呂也彤雲上徒冬反丨赤也啓扉下音非門扇也閶闔
上音昌下胡塔反天門名淮涘上音懷水名也下土史反涯岸也神飈下必
苗反疾風也驂七含反駕傍馬也逕度上古定反丨直也葳蕤上音
威下而誰反丨丨花木美皃揆景上求癸反於事也底止上音旨致也至
也⿰言愛⿰言愛音愛未詳所用疑作薆草盛皃樞光上昌朱反戶丨也膴膴
音武土地厚美五緯下音謂星丨也二十八宿為經五星為緯又云一雨二暘三燠
四寒五風也遐夐下休詠反丨丨遠也舟航下戶剛反重擔上聲下
音⿱擔皿與簷同用高驤下息羊反昂也溥被上音普翱翔上吾高反或作
翺下音祥丨丨飛也濡足上而朱反援手上音園旛麾上下許為反旌
丨經創下初狀反丨搊郢州上以領反永徽下音暉葺蕙上七
入反整修也下音惠香草也嶠甍上渠要反山峯高皃下音萠屋飛簷憑旃
下之然反曲竿也靈椽下直緣反架屋木也拓圃託補二音謂閑拓園圃也

蹠山上音跡逹也羽旆下蒲蓋反旌旗之類排毛羽於上曰丨丨委組下音祖委棄也組綬服也巒隰上郎官反山丨也下音習下濕曰丨丨蓬蘀下音託葉落也粗遷上才古反大也畧也或誤作組非也旌懸上俗作放音精妙幄下於角反帷帳也九噪下蘇到反蟬鳴也懋績上莫候反美也

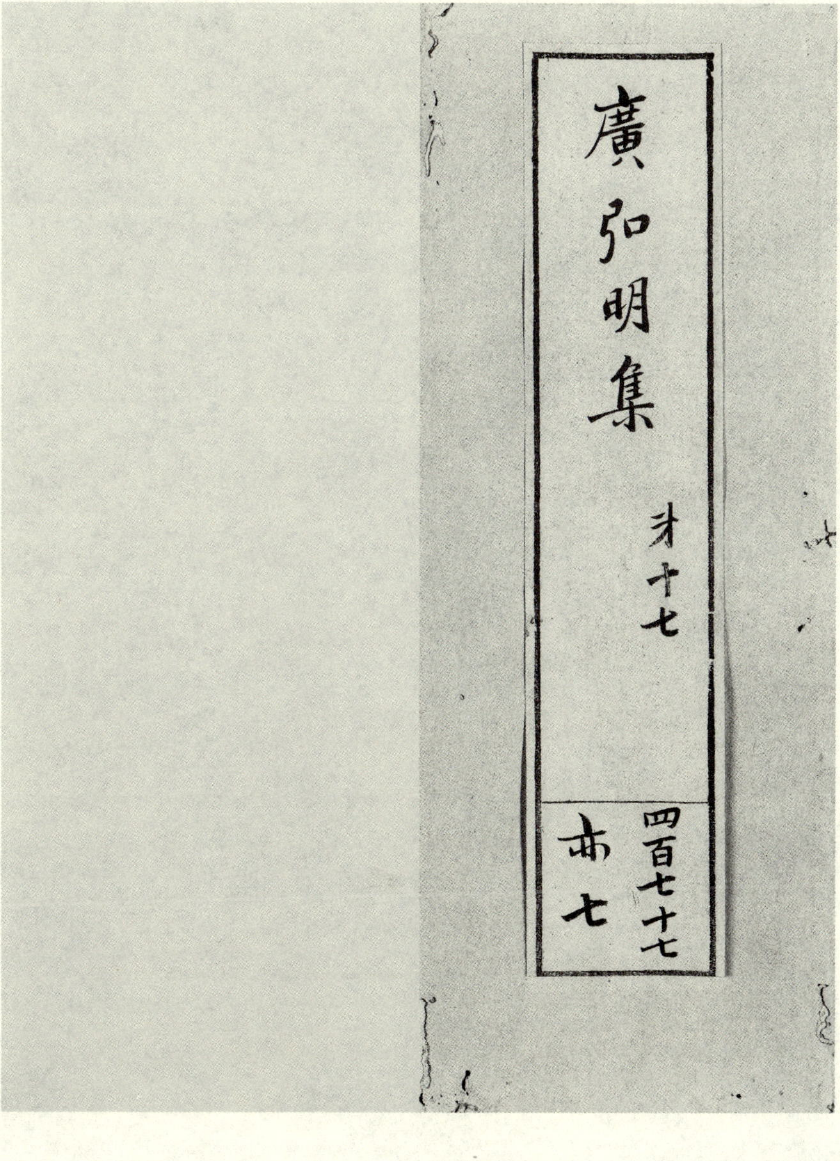
廣弘明集　才十七
四百七十七
南七

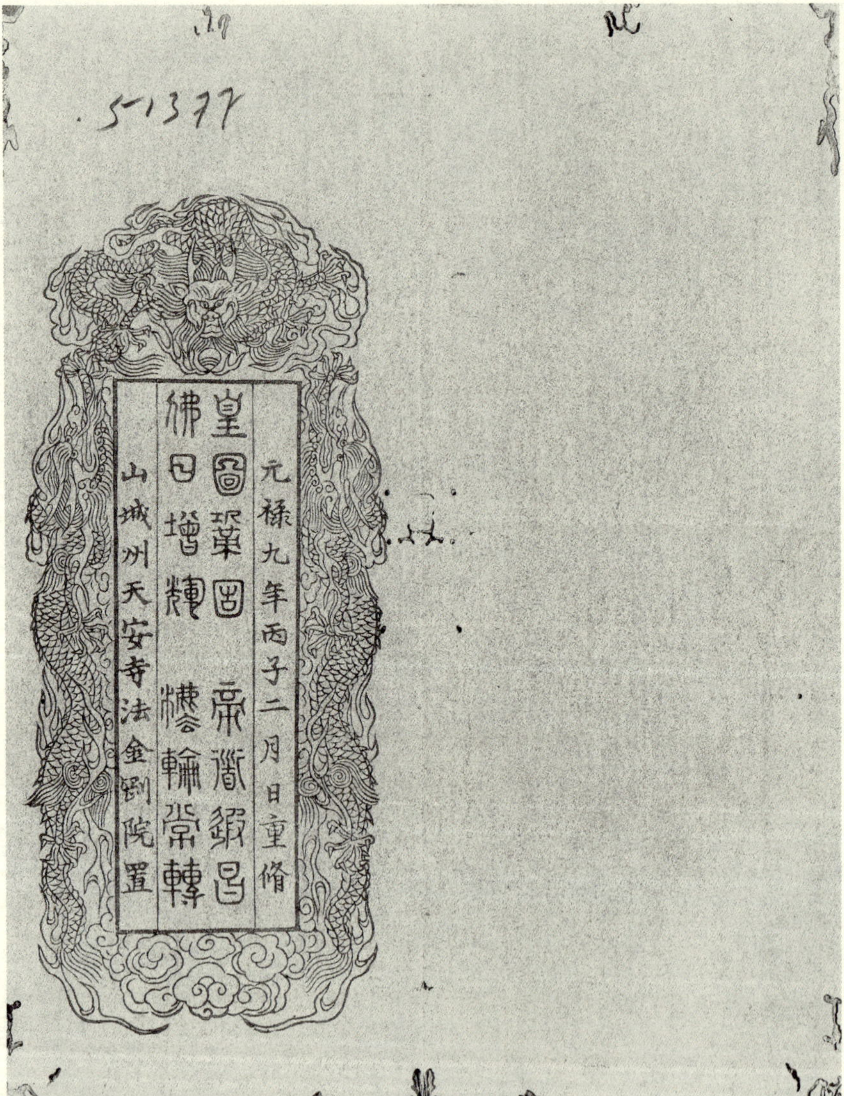

元祿九年丙子二月日重脩

皇圖鞏固　帝道遐昌

佛日增輝　法輪常轉

山城州天安寺法金剛院置

廣弘明集卷第十七　亦

大唐釋　道宣　撰

佛德篇第三之三

隋國立舍利塔詔　隋高祖

舍利感應記　隋著作王劭

慶舍利感應表并荅

隋安德王雄百官等

隋國立佛舍利塔詔　隋文帝自注一十六州等

岐州鳳泉寺　雍州仙遊寺

嵩州嵩岳寺　泰州岱岳寺

華州思覺寺　衡州衡岳寺

定州恒岳寺　廓州連雲岳寺

牟州巨神山寺　吴州會稽山寺

同州大興國寺　蒲州栖巖寺

蘇州虎丘山寺　涇州大興國寺

并州無量壽寺

隋州　益州　秦州　楊州

鄭州　青州　亳州　汝州

瓜州　番州　桂州　交州

相州大慈寺　襄州大興國寺　蔣州

門下仰惟正覺大慈大悲救護羣生津梁庶品朕歸依三寶重興聖教思與四海之內一切人民俱發菩提共修福業使當今見在爰及來世永作善因同登妙果宜請沙門三十人

諸解法相兼堪宣導者各將侍者二人并散
官各一人薰陸香一百二十斤馬五疋分道
送舍利往前件諸州起塔其未注寺者就有
山水寺所起塔依前山舊無山者於當州内
清静寺處建立其塔所司造樣送往當州僧
多者三百六十人其次二百四十人其次一
百二十人若僧少者盡見僧爲朕皇后太子
廣諸王子孫等及内外官人一切民庶幽顯
生靈各七日行道并懺悔起行道日打剎莫
問同州異州任人布施錢限止十文已下不
得過十文所施之錢以供營塔若少不充役
正丁及用庫物率土諸州僧尼普爲舍利設

齋限十月十五日午時同下入石函揔管刺史已下縣尉已上自非軍機停常務七日專檢校行道及打剎等事務盡誠敬副朕意焉主者施行

仁壽元年六月十三日內史令豫章王

臣暕宣

舍利感應記

隋著作王劭

皇帝昔在潛龍有婆羅門沙門來詣宅出舍利一裹曰檀越好心故留與供養沙門既去求之不知所在其後皇帝與沙門曇遷各置舍利於掌而數之或少或多並不能定曇遷曰曾聞婆羅門說法身過於數量非世間所

剏於是始作七寶箱以置之神尼智仙言曰佛法將滅一切神明今已西去兒當爲普天慈父重興佛法一切神明還來其後周氏果滅佛法隋室受命乃興復之皇帝每以神尼爲言云我興由佛故於天下舍利塔内各作神尼之像焉

皇帝皇后於京師法界尼寺造連基浮圖以報舊願其下安置舍利開皇十五年季秋之夜有神光自基而上右繞露槃赫若冶鑪之燄一旬内四如之皇帝以仁壽元年六月十三日御仁壽宮之仁壽殿本降生之日也歲歲於此日深心永念修營福善追報父母之

恩故延諸大德沙門與論至道將於海內諸
州選高爽清靜三十處各起舍利塔
皇帝於是親以七寶箱奉三十舍利自內而
出置於御坐之案與諸沙門燒香禮拜願弟
子常以正法護持三寶救度一切衆生乃取
金瓶琉璃各三十以琉璃盛金瓶置舍利於
其內薫陸香爲泥塗其蓋而印之三十州同刻
十月十五日正午入於銅函石函一時起塔
諸沙門各以精舍奉舍利而行初入州境先
令家家灑掃覆諸穢惡道俗士女傾城遠迎
摠管刺史諸官人夾路步引四部大衆容儀
齊肅共以寶蓋旛幢華臺像輦佛帳佛輿香

山香鉢種種音樂盡來供養各執香華或燒或散圍繞讚唄梵音和雅依阿含經舍利入拘尸那城法遠近翕然雲蒸霧會雖盲躄老病莫不匍匐而至焉沙門對四部大衆作是唱言至尊以菩薩大慈無邊無際哀愍衆生一切於骨髓是故分布舍利共天下同作善因

又引經文種種方便訶責之教導之深至懇惻涕零如雨大衆一心合掌右膝著地沙門乃宣讀懺悔文曰菩薩戒佛弟子皇帝某敬白十方三世一切諸佛一切諸法一切賢聖僧弟子蒙三寶福祐爲蒼生君父思與一切民庶共建菩提今欲分布舍利諸州起塔欲

使普修善業同登妙果爲弟子及皇后皇太
子廣諸王子孫等内外官人一切法界幽顯
生靈三塗八難懺悔行道奉請十方常住諸
佛十二部經甚深法藏諸尊菩薩一切賢聖
願起慈悲受弟子等請降赴道場證明弟子
爲一切衆生發露懺悔於是如法禮拜悉受
三歸沙門，又稱菩薩戒佛弟子皇帝某普爲
一切衆生發露無始已來所作十種惡業自
作教他見作隨喜是罪因緣墮於地獄畜生餓
鬼若生人間短壽多病卑賤貧窮邪見諂曲
煩惱妄想未能自寤今蒙如來慈光照及於
彼衆罪方始覺知深心慚愧怖畏無已於三

寶前發露懺悔承佛慧日願悉消除自從今身乃至成佛願不更作此等諸罪大衆旣聞是言甚悲甚喜甚愧甚懼銘其心刻其骨投財賄衣物及截鬉以施者不可勝計日日共設大齋禮懺受戒請從今已往修善斷惡生生世世常得作太隋臣子無問長幼華夷咸發此誓雖屠獵殘賊之人亦躬念善舍利將入函大衆圍繞塡闉沙門高捧寶瓶巡示四部人人拭目諦視共睹光明哀戀號泣聲響如雷天地爲之變動凡是安置處悉皆如之眞身已應靈塔常存天下瞻仰歸依福田益而無窮矣

皇帝以起塔之旦在大興宮之大興殿庭西
面執珪而立延請佛像及沙門三百六十七
人旛蓋香華讚唄音樂自大興善寺來居殿
堂皇帝燒香禮拜降御東廊親率文武百僚
素食齋戒是時内宫東宫逮於京邑茫茫萬宇
舟車所通一切眷屬人民莫不奉行聖法衆僧
初入勑使左右密夾數之自顯陽門及升階
凡數三遍常剩一人皇帝見一異僧曷槃覆
髆以語左右曰莫驚動他置爾去已重數之曷
槃覆髆者果不復現舍利之將行也皇帝曰
今佛法重興必有感應其後處處表奏皆如
所言

雍州於仙遊寺起塔天時陰雪舍利將下日便朗照始入函雲復合

岐州於鳳泉寺起塔將造函寺東北二十里忽見文石四段光潤如玉小大平整因取之以作重函於是大函南壁異色分炳爲雙樹之形高三尺三寸莖如雪白葉如碼碯北壁東壁有鳥獸龍象之狀四壁皆有華形左旋右轉其後基石漸變盡如水精沙門道璨圖此雙樹之象置於許州葉盡變爲青色明年

岐州大寶昌寺寫得陝州瑞相圖置於佛堂以供養當戶大像三吐赤光流出戶外於是戶外十佛像及觀世音菩薩亦頻放光半旬

之内天華再落
涇州於大興國寺起塔將造函三家各獻舊磨好石非界内所有因而用之恰然相稱秦州於靜念寺起塔先是寺僧夢羣仙降集以赤繩量地鐵橛釘記之及定塔基正當其所再有瑞雲來覆舍利是時十月雪下而近寺草木悉皆開華舍利將入函神光遠照空内又有讚嘆之聲
華州於思覺寺起塔天時陰雪舍利將下日便朗照有五色光氣去地數丈狀若相輪正覆塔上數十里外遥望之則正赤上屬天舍利下訖雲霧復起瑞雪飛散如天華著人衣

久之而不濕

同州於大興國寺起塔舍利宿於近驛天夜雨明旦興行雲日迎之開朗入自南門而城北雨如故既至寺又陰雨臨入函日乃出衆色光相繞日如輪光是寺僧慧眞夢見聖人項有圓光明照天地來自西方入門而立及舍利興至無故止於其所因定塔基焉十二月八日夜有五色圓光從基而上遍照城内明如晝日五十里咸見之明年四月日光起於塔西流照塔東良久乃滅

蒲州於栖巖寺起塔九月二十六日舍利在治下仁壽寺其夜堂内光明如晝二十八日

定基明日地大震山大吼巖上有鍾鼓之聲十月七日舍利將之栖巖地又動八日輿登山從者千數大風從下而上因風力俄頃至於佛堂其夜浮圖上有光長數尺乍隱乍顯至於十餘瓶内亦有光五道散出還歛入瓶又有二光並大如鉢出於西壁合爲一道流入塔基食頃乃滅俄而復出流入於堂山頂亦有大光照二百里遠望者皆言燒山九日夜又有二光繞浮圖其一流照西谷其一流照南谷十二日堂内又有光狀如香鑪流至浮圖露盤移時乃滅其夜露盤上又有光或散或聚皆似蓮華移更乃滅十三日夜浮圖

上又有光如三佛像並高尺停住者久之十四日夜有光三道從堂而出其一直上天其一流於東北其一狀如樓闕赫照州城自朔至望寺及城内常聞異香桃李杏柰多華人採之以供養舍利入函之夜又有光再從塔出圓如大鏡諸光多紫赤而見者色狀不必同或云如大電或云如燎火其都無所見者十二三有婦人抱新死小兒來乞救護至夜便蘇遇光照以愈疾者非一諸州皆有感應而栖巖寺最多蓋由大祖武元皇帝之所建也并州於舊無量壽寺起塔舍利初在道場大衆禮拜重患者便得除起塔之旦雲霧晝昬

至於巳後日乃朗照五色雲夾之舍利舍利將入函放光或一尺或五寸有無量天神各持香華幢旛寶蓋遍覆州城

定州於恒岳寺起塔有一異翁來禮拜施布一疋負土數籠人問其姓字而不荅忽然失之此地舊無水開皇三年初營寺其西八里白龍淵忽東流而過作役罷水便絕及將起新塔水復大流

相州於大慈寺起塔天時陰雪舍利將下日便朗照始入函雲復合建塔之明年八月光天尼寺僧寫得陝州瑞相圖置於佛堂神光屢發如電又有五色雲蓋正臨堂上一日四

見焉又有白雲狀如林木雰雨金華其花之狀形如大蝶色似青琉璃翱翔而下乃騰虛而去明年正月寺內又雨天華

鄭州於定覺寺起塔舍利將至寺東有光如大流星入至佛堂前而沒輿到此處無故自止既而定塔基於西岸其東岸舊舍利塔有二光西流入於基所寺僧設二千人齋供然而万餘人食之不盡一甕飯出八十盆餘食供寺衆二百人數日乃盡舍利將入函四面懸旛無風而一時內向

嵩州於閑居寺起塔人衆從舍利者万餘有兎逆坂走來歷輿下而去天時陰雪舍利將

下日便朗照始入函雲復合
亳州於開寂寺起塔界内無石舍利至便於
三處各得一成磨方石一似函而無底乃合
而用之不須攺鑿掘塔基至槃石有二浪井夾
之天時陰雪舍利將下日便朗照始入函雲
復合

汝州於興世寺起塔天時陰雪舍利將下日
便朗照始入函雲復合
泰州於岱岳寺起塔舍利至州其夜岳廟内
有皷聲天將曉三重門皆自闢或見三十騎
從廟而出蓋岳神也舍利自州之寺未至數
里雲蓋出於山頂五色而三重白氣如虹來

覆舍利散成大霧沾濕人衣其狀如垂珠其味如甘露自旦至午霧氣乃歛而歸山分爲三段乍來乍往如軍行然蓋亦岳神之來迎也於是瓶内有聲放光高丈餘食頃乃滅人審視之見琉璃内金瓶蓋自開瓶口有寸光如箸烱然西指雖急轉終不迴如此經八日將入函光遂散出還入金瓶雲霧復起有童子能誦法華經來禮舍利遂燒身於野以供養焉明年二月六日泰山神皷竟夜鳴北聽則聲南南聽則聲北東西亦如之

青州於勝福寺起塔掘基深五尺遇磐石自然成大函因而用之及舍利將入瓶内有光

乍上乍下

牟州於巨神山寺起塔舍利初至二大紫芝欻現於道天時陰雪舍利將下日便朗照始入函雲復合

隋州於智門寺起塔十月六日掘基得神龜七日甘露降於石橋旁之楊樹有黑蜂無筭來繞之八日旦大霧舍利將之寺天便開朗歷光化縣忽見門内木連理過楊樹之下甘露五道懸流沾灑輿上既而沉陰舍利將下日便朗照始入函雲復合神龜色狀時異有文在其腹曰王興州使參軍獻之日日開匣欲視其頭而縮藏不可見勑使著作郎王劭

審撿龜便長引頸足恣人反轉連日如之乃
見有文在其頭曰上大王八十七千万年皇
帝親撫視之入於懷袖自然馴狎放諸宮沼
及草內還來直至御前每放輒如之
襄州於大興國寺起塔天時陰晦舍利將下
日便朗照始入函雲復合
楊州於西寺起塔州久旱舍利入境其夜雨
大洽
蔣州於栖霞寺起塔隣人先夢佛從西北來
寶蓋旛花映滿寺衆悉執花香出迎及舍利
至如所夢焉
吳州於大禹寺起塔舍利凡五度江風波不

起既至寺放青黄赤白之光獲紫芝高二尺餘四莖共三蓋天時陰晦舍利將下日便朗照始入函雲復合

蘇州於虎丘山寺起塔其地是晉司徒王珣琴臺掘得瓶函銀合子有一舍利浮之鉢水右轉四周舍利初發州天降雨未至寺日便出乃有雜色雲臨輿而行徘徊不散至於塔所空裏有音樂之聲既而天又陰晦舍利將下雲暫開舍利入函雲復合先是寺内鑿石井并乳二日蓋舍利將來之應也

衡州於衡岳寺起塔沙門奉舍利自江陵水行二千餘里四遇逆風願定便定四气順風

皆如所欲初掘基融峯上有白雲闊二丈餘
甚整直來臨基所右旋三帀乃散既而陰晦
舍利將下日便朗照始入函雲復合
桂州於緣化寺起塔舍利未至城十餘里有
鳥千數夾輿行飛入城乃散舍利將入塔五
色雲來覆之
番州於洪楊鄉崇楊里之靈鷲山寺起塔掘
得宋末所置石函三其二各有銅函盛二小
銀像其一有銀瓶子盛金瓶疑本有舍利今
乃空矣既而坑内有神仙雲氣之像昔宋王
劉義隆之時天竺有聖僧求那跋摩將詣楊
都路過靈鷲寺謂諸僧曰此閒尋有異瑞兼

值王者登臨徵應建立終逢菩薩聖主方大
修弘其年冬果有群鵲共銜繡像委之堂内
及齊主蕭道成初爲始興太守遊於此寺而
起白塔陳天嘉三年寺内立碑其文也如此
聖主修弘驗於今日
交州於禪衆寺起塔
益州於法聚寺起塔天時陰晦舍利將下日
便朗照始入函雲復合
鄜州於法講寺起塔舍利初發京下宿於臨
皐沙門夢失舍利是夜鄜州有光高數丈從
東方來入寺右繞佛塔照及城樓内外洞朗
遥望者疑燒積薪光漸西流食頃乃没及定

塔基正當光没之所又有香氣氤氳異常

瓜州於崇教寺起塔

虢州表言州雖不奉舍利亦請衆僧行道有一異鳥來集梁上意似聽經不驚不動一夜一日乃下止於讀經之牀人人讚嘆摩挼又擎之以行道法師於佛前爲之受戒良久乃去

隋州與籖王威送流人九十道逢舍利盡釋其囚千里期集無一違者隋州人於涢水作魚獄三百既見舍利亦悉使放之餘州若此類蓋多矣

皇帝當此十月之内每因食於齒下得舍利
皇后亦然以銀盌水浮其一出示百官須臾
忽見有兩右旋相著二貴人及晉王昭豫章
王暕蒙賜蜆𠡠令審視之各於蜆内得舍利
一未過二旬宮内凡得十九多放光明自是
遠近道俗所有舍利率奉獻焉
皇帝曰何必皆是真諸沙門相與推試之果
有十三玉粟其真舍利鐵甞而無損
慶舍利感應表 并荅 隋安德王雄百官等
臣雄等言臣聞大覺圓備理照空有至聖虛
凝義無生滅故雖形分聚芥尚貯金甖體散
吹塵猶興寶刹自釋提請𠗚之後育王建塔

已來未有分布舍利紹隆勝業伏惟皇帝積
因曠劫宿證菩提降迹人王護持世界往者
道消在運仁祠廢毀慈燈滅影智海絶流皇
祚既興法皷方震區宇之内咸爲淨土生靈
之類皆覆梵雲去夏六月爰發詔旨延請沙
門奉送舍利於三十州以十月十五日同時
起塔而蒲州栖巖寺規模置塔之所於此山上
乃有鍾皷之聲舍利在講堂内其夜前浮啚
之上發大光明爰及堂裏流照滿堂將置舍
利於銅函又有光若香爐乘空而上至浮啚
寶瓶復起紫焰或散或聚皆成蓮華又有光
明於浮啚上狀如佛像花趺宛具停住久之

稍乃消隱又有光明繞浮啚寶瓶蒲州城内
仁壽寺僧等遥望山頂光如樓閣山峯澗谷
昭然顯見照州城東南一隅良久不滅其栖
巖寺者即是太祖武元皇帝之所建造又華
州置塔之處于時雲霧大雪忽即開朗正當
塔上有五色相輪舍利下訖還起雲霧皇帝

皇后又得舍利流輝散彩或出或沉自非至
德精誠道合靈聖豈能神功妙相致此奇特
臣等命偶昌年既覩太平之世生逢善業方
出塵勞之境不勝抃躍謹拜表陳賀以聞
門下仰惟正覺覆護群品濟生靈於苦海救
愚迷於火宅朕所以至心迴向結念歸依思

與率土臣民爰及幽顯同崇勝業共爲善因故分布舍利營建神塔而大聖慈愍頻示光相宮殿之内舍利降靈莫測來由自然變現歡喜頂戴得未曾有斯實群生多幸延此嘉福豈朕微誠所能致感覽王公等表悚敬弥深朕與王公等及一切民庶宜更加剋勵興隆三寶今舍利眞形猶有五十所司可依前式分送海内庶三塗六道俱免蓋纏禀識含靈同登妙果主者施行

髙麗百濟新羅三國使者將還各請一舍利於本國起塔供養詔並許之詔於京師大興善寺起塔先置舍利於尚書都堂十二月二

日旦發焉是時天色澄明氣和風靜寶輿旛
幢香花音樂種種供養弥遍街衢道俗士女
不知幾千万億服章行位從容有序上柱國
司空公安德王雄已下皆步從至寺設無遮
大會而禮懺焉有青雀狎於衆内或抽佩刀
擲以布施當人叢而下都無所傷仁壽二年
正月二十三日復分布五十一州建立靈塔
令揔管刺史已下縣尉已上廢常務七日請
僧行道教化打刹施錢十文一如前式期用
四月八日午時合國化内同下舍利封入石
函所感瑞應者别録如左
恒州　泉州　循州　營州　洪州　杭州

涼州　德州　滄州　觀州　瀛州　冀州
幽州　徐州　莒州　齊州　萊州　楚州
江州　潭州　毛州　貝州　宋州　趙州
濟州　兗州　壽州　信州　荊州　梁州
蘭州　利州　潞州　黎州　慈州　魏州
沂州　杞州　許州　豫州　顯州　曹州
安州　晉州　懷州　陝州　洛州　鄧州
秦州　重得舍利　衛州　洺州　鄭州

恒州表云舍利詣州建立靈塔三月四日到州即共州府官人巡歷檢行安置處所唯治下龍藏寺堪得起塔其月十日度地穿基至十六日未時有風從南而來寺內香氣殊異

無比道俗官私並悉共聞及有老人姓金名
璝患鼻不聞香臭出二十餘年於時在衆亦
聞香氣因即鼻差至四月八日臨向午時欲
下舍利光景明淨天廓無雲空裏即雨寶屑
天花狀似金銀碎薄大小間雜雰霏散下猶
如雪落先降塔基石函上遍墮寺內城治俱
有雜色晃曜金晶暎日時即將衣承取復在地
拾得道俗大衆十万餘人並見俱獲又剎柱
東西二處忽有異氣其色黃白初細後麁如
烽火煙龍形宛轉迴屈直上周旋塔頂遊騰
清漢莫測長短良久乃滅又有四白鶴從東
北而來周遶塔上西南而去至二十日巳時

築塔基恰成復雨寶屑天花收得盛有一升
即遣行參軍王亮於先奉獻皇帝開花於寶
屑内復得舍利三顆甚大歡欣瀛州表云掘
地欲安舍利石函時可深六尺許土裏忽有
眞紫色光現須臾遂滅其土即有黑文雜間
成篆書字云轉聖王佛塔謹表聞知

黎州表云掘基安舍利塔於地下得一瓦銘
云千秋万歲樂未央
觀州表云舍利塔上有五色雲如車蓋其日
午時現至暮
魏州表云所送舍利數度放光復有諸病人
或患眼盲或患五内發願禮拜病皆得愈至

四月八日欲下舍利午時矣忽有一片五色雲香馥非常須臾之間即降金花至九日旦復下銀花遍滿城池其花大者如榆莢小者似火精人人皆得函盛奉獻其日復有一黑狗耽耳白胷於舍利塔前舒左股屈右脚見人行道即起行道見人持齋亦即持齋非時與食不食唯欲得飲淨水至後日旦起解齋與粥始喫旦寺内先有數箇猛狗但見一狼狗無不競來吠齧若見此狗入寺悉皆低頭掉尾當尒之時看人男夫婦女三十餘萬盡皆不識此狗未知從何而來

泰州表云欲下舍利時七日地微動至八日

大動
兗州表云勑書分送起塔以瑕丘縣普樂寺最爲清淨即於其所奉安舍利以去三月二十五日謹即經營以爲函蓋初磨之時體唯青質及其功就變同瑪瑙五色相雜紋彩煥然復於其裏間生白玉内外通徹照物如水表裏洞朗鑒人筭鏡

其送舍利

曹州表云三月二十九日舍利於子城上赤光現四月五日申時舍利現雙樹并有師子現五日亥時舍利現金光長七寸六日卯時龍花樹現下有佛像俱出六日卯時漆龕極

外光明狀如金花色六日申時漆龕北板上
及佛菩薩雙樹等形六日亥時舍利精舍裏
出黃白花光長四五寸八日辰時漆龕板後
雲霧金光等形狀巳時漆龕板後娑羅樹蓮
華影佛像衆僧師子形等午時塔上五色雲
現午後漆龕內板上有娑羅雙樹林樓閣等
現九日漆龕內板上疊石壘基文甲後漆龕
板外大娑羅樹及僧執香爐等形容金佛像
現似若太子初生身如黃金色後有三僧身
著紫黃法服手捉香爐供養其香氣與世香
不同每日恒聞
晉州表云舍利於塔前放光三度皆紫光色

衆人盡見

杞州表云舍利以三月四日到州十四日辰時琉璃瓶裏色白如月須臾之間即變爲赤色至四月二日後變作紫光或現青色瓶内流轉一來一去循環不止道俗瞻仰咸共歸依實相容儀良久乃散七日午時神影復出變動輝煥於前無異

徐州表云舍利二月二十八日至州西一驛宿其夜陰雨舍利放光向州四十五里其淨道寺僧向北山看光影從驛所舍利處而來舍利石函蓋四月五日磨治訖遂變出仙人二僧四人居士一人騏驎一師子一魚二自

餘並似山水之狀
鄧州表云舍利四月六日石函變作玉及碼
瑙其石有文現正國德三字并有仙人麟鳳
等出
安州表云奏寺安置送舍利法師淨業共州官
人量度基申時忽有香氣氳氳乘空而至芬
芳微妙世未曾有道俗咸皆驚愕隨至處
所香氣遍滿至五更方始散盡又至四月八
日行道日滿供設大齋午時欲下舍利道俗一
萬餘人法師昇高座手捧舍利以示大衆人
人悲感不能自勝即有赤色從師手內訖口
而出便二度放光高一丈又石函忽有白

雲團圓如蓋正當函上右旋數帀閑還訖當
之出之處消滅又塔南先有佛閣當時鏁閉
舍利於其下立道場遣二防人看守忽聞閣
上有衆人行聲看閣門仍閉又復須臾復聞
行聲即走告寺主來共開閣門上驗看唯有
佛像自外都無所見又下舍利訖日到申時
有法師淨範授陀僧淨滔於舍利塔後臨水
巖邊為諸道俗受菩薩戒衆人見群魚行隊
遊水首皆南出似欲歸依多卅一萬餘請二
禪師秉船入水為魚受戒然水内諸魚悉迴
首向船隨逐巡行如似聽法
趙州表云舍利以三月四日到州臣等於治

下文際寺安置起塔二日治剎行道舍利於塔所放赤光從未至申更見不同或似像形或似樓閣或見白光作大作小巡遶舍利遶瓶行道或隱或顯或遲或速官人道俗莫不覩見驚喜號咽沸騰寺內至四日又放赤光曜如金色縱橫一丈餘紫綠相間前後三度重久乃滅又見一佛像長二尺餘坐於蓮華趺坐又以二菩薩侠侍長一尺餘從卯至巳見諸形相道俗四部二萬餘人咸悉瞻仰豫州表云舍利瓶有白光須臾成五色遊轉瓶內形相非常又鑒舍利銘其石更無異質鑒至皇帝一字從上點及豎牽橫畫隨鑒之

處如刻金所成
利州表云舍利三月二十六日夜一更内放
光遍照衙内如月
明州表云四月八日下舍利掘地安石函乃
得一像
衛州表云四月三日齋訖舍利金瓶外其色
紅赤鮮麗殊常或行琉璃瓶底或遊瓶側緣
瓶上下光明外照比至八日照灼如初
洺州表云舍利三月十一日天降甘澤十三
日乃止有戒德沙門僧猛先患腰脚不堪出
行其日聞舍利欲到合寺馳走僧猛自身拘
患不得奉迎命弟子法藏扶侍出户迴心[illegible]

念遂便得起行出城十里許親迎舍利因此
瘳降漸堪得行
毛州表云舍利二月二十七日到州其日
依式安置一切男女皆發喜提心競趣歸依
瘂者能言攣躄之人悉皆能行石函及變如
琉璃内外明徹四月十二日天雨金銀華等
表送奉獻　　　　冀州表云
舍利放光五色照蒲城治時有一僧先患
忘盲亦得見舍利復有一人患腰腳攣躄十五
年自舍利到州所是患人礼拜發願即得行
動宋州表云三月四日舍利至州其所部宋
城縣尊院先有古井堰由來鹹苦水色舊赤

全家斷食其縣民胡子乾因取水和泥怪其
色白嘗覺甚香四月三日舍利於塔內放赤
色光六日夜五更寺內又放白色光七日辰
時寺內天雨白華目驗雰雰然狀如細雪不
落於地八月午時欲下舍利入函天上有白
鶴翔塔基上

懷州表云舍利於州城長壽寺安置四月五
日辰時有一雄雞飛來函側心閑從容馴翔
鮮華自飛自上曾無驚畏河內縣民楊邁特
以示道俗六千餘人莫不同見勑使沙門靈
粲即與受戒其雞向師似如聽法師云此雞
是野鳥為法道理無容籠繫即令送城北太

行山放之舍利塔廟復有一跡從塔東南三
步而來直到塔所不見還蹤復無人處或闊
四寸或闊三寸蟠屈逶迤狀等龍蛇之跡官
人道俗並悉共見八日至午前舍利欲入塔
函遂放光於瓶外巡迴數匝暉彩照曜或上
或下乍隱乍出．

汴州表云舍利三月二日到州權置州館六
日夜大德僧慧徹等忽聞香氣有異尋常至
八日諸僧迎舍利將向塔所大德僧僧粲等
五人復聞香氣去慧福寺門四十餘步遂放
青色光覆焰露帳大久乃滅其寺有舍利在
僧房供養其日杞州人張相仁於僧房見寺

内舍利復放青色光恰與新至舍利色狀相
似十月復至見赤色光臨寺佛堂高五尺其
夜四更復見青赤雜色光於寺復有一老母
患腰已來二十餘年柱杖伏地而行聞舍利
至寺強來礼拜於大衆裏見舍利光腰即得
差捨杖而行
洛州表云舍利三月十六日至州即於漢王
寺内安置至二十三日忽降香氣世未曾有
四月七日夜一更向盡東風忽起燈華絶焰
在佛堂東南神光熠熠復有香風而來官人
道俗等共聞見於是弥增尅念至八日臨下
舍利塔側桐樹枝葉低垂

幽州表云三月二十六日於弘業寺安置舍利石函始磨兩面以水洗之明如水鏡内外相通紫光焰起其石班駁又類瑪瑙潤澤炫燿光似琉璃至四月二日起齋行道至三日亥時舍利前焚香供養燈光炤庭衆星夜朗有素光舒卷在佛輿之上至八日舍利入函自旦及辰函石現文騶騶像有菩薩光彩紛藻又似衆仙其閒鳥獸林木諸狀不惑者衆實難詳審其有文理照顯分明今畫圖奉進

許州表云三月三日初夜於州北境去州九十里舍利放光紫赤二色照曜州城内外民庶皆見神光四月七日在州大廳舍利出金

瓶之外琉璃瓶内行道放光至八日在辨行
寺塔所又放光明午時舍利欲入石函又有
五色光彩雲來臨塔上雲形如蓋其日在塔
西南一百餘步依育王造塔本記一枯池不
在四畔正在池中可深九尺忽有甘井自現
其水不可思議當時道俗看者二万餘人同
欽齊所録瑞應奉表奏聞
荆州舍利現雲如車蓋正當塔上雲間雨花
遊颺不落衆鳥翔塔
濟州舍利本一至彼現二放光焰現聞異香
氣雲間出音自然鍾聲及以讚善大鳥群飛
塔下

楚州舍利當行道日野鹿來聽鶴遊塔上
莒州舍利本一至彼現三放光映焰掘基地
下忽得銅塔及瘂者能言
營州舍利三度放光白色舊龜石自然折解
用書石函
杭州舍利山澗掘基得自然石龕容舍利函
潭州舍利紅鳥迎送
潞州舍利至彼自然泉涌飲者病愈
洪州舍利白項烏引路
德州舍利至彼躃者能行犬鳥旋塔
鄭州舍利放光幡向内垂
江州舍利至彼行道日耕人犂得一銅像

蘭州舍利掘基地下得一石像又小兒撥得
二銅像
慈州舍利現白雲蓋如飛仙自然泉涌飲者
病愈
廉州未得舍利別得一舍利放光佛香爐煙
氣又類蓮華黄白色天雨寶屑
雍州表云仁壽二年五月十二日京城内勝
光寺大興善寺法界寺州公廨裏及城治街
巷天雨銀屑大如莢小如麸等表送奉獻
仁覺寺五月十二日未時有風從西南如來
香氣氤氳沙門及經生道俗等並悉俱聞當
夜雨寶屑天華巴蕉枝葉椶櫚莖榦上人皆

拾得大小如前無異
仁壽二年六月五日夜仁壽宮所慈善寺新
佛堂內靈光映現形如鉢許從前柱遶梁栿
衆僧覩見
仁壽二年六月五日夜雨銀屑天華琵琶葉
上及餘草頭上落地
仁壽二年六月八日諸州送舍利使還
宮所見旨相問慰勞訖令九日赴慈善寺為
慶光齋僧衆至寺讚誦旋遶行香欲食空裏
纖零復雨銀屑天華舍人崔君德令盛奉獻
京城內勝光寺模得陝州舍利石函變現瑞
像娑羅雙樹等形相者仁壽二年五月二十

三日已後在寺日日放光連連相續緣感即
發不止晝夜城治道俗遠來看人歸依礼拜
填门塞路往還如市遇斯光者照動群心悲
喜發意其城内諸寺外縣諸州以絹素模揩
去者或上峯放光或在道映照或至前所聞
明現朗光光色別殊見不同
仁壽二年七月十九日京城内延興寺灌寫
釋迦金銅像丈六其夜雨宝屑銀華香氣甚
異無比
陝州舍利從三月十五日申時至四月八日
戌時合一十一度見靈瑞揔有二十一事四
度放光

光内見華樹　二度五色雲　掘地得舍
石函變異　八婆羅樹　樹下見水
一卧佛三菩薩一神尼函内見舍三枚金華
興雲成輪相　自然幡蓋
函内流出香雲　再放光
舍利在陝州城三月二十三日夜二更裏大
通寺善法寺蘭若寺並見光明唯善法寺所
見光内有兩箇華樹形色分明久而方滅其
色初赤尋即變白後散如水銀滿屋之内物
皆照徹舍利在大興国寺四月二日夜二更
裏靈勝寺見光明同了庭前果樹及北坡草
木光照處見其形塔基下掘地得舍

舍利来向大興国寺三月二十八日卯時司
馬張備共大都督侯進檢校築基掘地已深
五尺有閿鄉縣玉山鄉民杜化雲钁下忽出一
鳥青黄色大如鶉馴行塔内安然自處執之
不恐未及奉送其鳥致死今當福事於舍利
塔内獲非常之鳥既及出處為異摺合嘉祥今

别畫鳥形謹附聞奏五色雲再見三月十五
日申時舍利到陝州城南三里澗即有五色
雲從東南鬱起俄介擦成一蓋即變如紫羅
色舍利入城方始散滅當時道俗並見至二
十八日未時在大興國寺復有五色雲從西
北東南二處而來舍利塔上相合共成一段

時有文林郎韋範大都督楊旻及官民等並
同觀屬其雲少時即散者也兩度出聲
舍利在州三月二十三日夜從寶座出聲如
人間打靜聲至三乃止後在大興國寺四月
五日酉時復出一聲大於前者道俗並聞石
函内外四面見佛菩薩神尼娑羅樹光明等四
月七日巳時欲遣使人送放光等四種瑞表
未發之間司馬張備共崤縣令鄭乾意閿鄉
縣丞趙懷坦大都督侯進當作人民侯謙等
至舍利塔基内石函所檢校同見函外東面
石文亂起其張備等怪異更向北面乾意以
衫袖拂拭隨手向上即見娑羅樹一雙東西

相對枝葉宛具任深青色俄頃道俗奔集復
於西面外以水澆洗即見兩樹葉有五色次
南面外復有兩樹枝條稍直其葉色黃白次
東面外復有兩樹色青葉長其四面樹下並
有水文於此兩樹之間使人文林郎韋範初
見一鳥仰卧司馬張備次後看時其鳥已立

鳥前有金華三枝鳥形大小毛色與前搖地
得者不異其鳥須臾向西南行至佛下停住
函內西南近角復有一菩薩坐華臺上面向
東有一立尼面向西而向菩薩合掌相去三寸
西面內復有二菩薩並立一金色面向南一
銀色面向北相去可有三寸西脣上有一卧

佛側身頭向北面向西其三菩薩於石内並
放紅紫光高一尺許從巳至未形狀不移圖
畫已後色漸微滅道俗觀者其數不少此函
夲是青石色基黑闇見瑞之時變爲明白表
裏映徹周迴四面俱遣人坐並相照見無所
翳障其函内外四面揔見一佛三菩薩一尼
一鳥三枝華八株樹今别畫圖狀謹附聞奏
午時四方雲起變成輪相復有自然幡蓋及
塔上香雲二度光見
四月八日午時欲下舍利于時道俗悲號四
方忽然一時雲起如煙如霧漸欲向上至於
日所即遶日變成一暈猶如車輪内别有白

雲團圓翳日日光漸即微闇如小盞許在輪外周匝次第以雲爲輻其輪及輻並作紅紫色至下舍利訖其雲散滅日光還即明淨復於塔院西北牆外大有自然幡蓋亦有見幡蓋圍繞舍利者當時謂有人捉幡供養至下舍利訖其幡蓋等忽即不見于時道俗見者不少至戌時司馬張備等見塔上有青雲氣從塔內而出其雲甚香即喚使人文林郎韋範大興寺僧曇暢入裏就看備共韋範等並見流光向西北東南二處流行須臾即滅

廣弘明集卷第十七　亦

岐州上音祇雍州上紆用反嵩州上息引反岱岳上音代衡
州上戶庚反會稽下音鷄涇州上音經亳州上音溥番州
上音潘相州上去聲襄州上息羊反諳解上烏含反丨識也下去聲
王聽下古眼反冶鑪上音野之焱下與燄同讚唄下音敗育
甓下必亦反跛丨匍匐上音蒲下婆木反夫地而行也填闐上音田下於繢
反塞也共睹下音靚萬字下俗京字常賸下時證反餘丨曷槃

上義合作褐覆髆副博二音道璨下七察反陝州上失冉反恰然
上苦合反橛釘上其月反下丁定反燎火上力照反便穩下烏本反雰
雨上芳文反丨丨雨落向甕於貢反逆坂下音反小
坡也如箸下直慮反與筋同炯然上俱名反明也欻現上許勿反馴
狎上音旬順也下胡甲反近也王珣下息旬反臨皐下音高氛氳
上扶分反下紆云反瓜州上正作瓜古花反虢州俱獲反摩挱下蘇

和反手桉摩也典籤下息廉反濆水上音去銀盌下梡字賜蜆
下音顯蛤之屬也鐵窜下音押金甖下一耕反甕之類也抃躍上皮
變反舞丨高麗下音離東夷國瀛音盈莒音舉兖緣淺反潞音路汴
皮變反杞音起陜失染反洺音名名瓚下昨散反寶屑下先節反
丨也未晃曜上胡廣反金晶下音精烽火上音峯亗亮下也
向反篆書上直轉反香馥下音伏揄莢上羊朱反下古帖反丨揄賓音
耽耳上丁含反左貼音古宜作股丶吠齩下五巧反舊皆作吾結反掉
尾上徒吊反漆龕下苦含反石壘下呂水反壘砌結也麟音隣
麒丨也驚愕下吾各反淨滔上有本作浮誤也下土刀反斑駮
下必角反號咽上戶高反下於結反俠侍上胡帖反攣躄上力員反下必
亦反正作躄手縮曰攣脚屈曰躄井漚下烏候反績也莖幹下古旦反枝丨
泫燿上懸犬反正作炫雄雉下直里反野雞也亦作鴙磻屈上音

盤正作蜷逶迤上烏爲反下音移馴行上音旬順狎也楊旻下音閏

遊颺下音羊風吹｜｜公廨下古賣反｜署也麩音夫麥｜椶

櫚上子紅反下力居反如鶉下音淳鷁｜鳥名也北坡下普何反

小山ヨ都督下音篤閺鄉上音文縣名在虢州鑁下上居崜反鍪｜

崤縣上戶交反